# Trucos Para Escribir Mejor

Consejos que no aparecen en Google

Cómo convertir textos normales en sobresalientes

Edición: **Mirada Mágica SRL.**

**Mail:** carsalas21@gmail.com
**Twitter:** @ojomagico
**Diseño portada:** Jaime Núñez.

**Agradecimientos:** Pablo Herreros, Guillermo Salas, Enrique Infante.

**Otros libros del autor:**

- *Storytelling: la escritura mágica.* Madrid. Mirada Mágica. 2017.
- *Manual para escribir como un periodista.* Madrid. Mirada Mágica, 2015.
- *La Edad de la Codicia.* Madrid. Altera, 2009; y Mirada Mágica, 2015.
- *Las once verdades de la comunicación.* Madrid Lid. 2010.
- *La tumba perdida de Cervantes.* Madrid. Mirada Mágica, 2016.
- *Cómo hablar y presentar en público.* Madrid. Mirada Mágica, 2016.

A mis hermanos

Gilberto, Noé, José Luis, Marisay, Simón (†) y Guillermo

# ÍNDICE

# Una guía llena de trucos

¿Existen reglas para transformar una frase correcta en una frase sorprendente? ¿Qué trucos usan algunos columnistas para despertar admiración? ¿Cómo resumir un rollo aburrido? ¿Por qué algunos textos científicos nos resultan estupendos? ¿Se pueden convertir las abstracciones en imágenes luminosas? ¿Hay fórmulas para inspirarse? ¿Cómo se escribe un discurso *rompedor*?

Estas dudas no las resuelven los manuales de ortografía española. Tampoco aparecen en Google aunque escribamos 'trucos para escribir mejor'.

Pero sí salen en este libro.

Buena parte de este libro es fruto de los problemas de escritura planteados por mis alumnos en el máster de Periodismo de *El Mundo* y de la Universidad Europea de Madrid, así como de los alumnos de los másters de Comunicación en EAE y Cesma. En estas páginas, además, hay muchos años de trabajo en medios de comunicación.

Para escribir este libro me he fijado en la magia de los mejores periodistas, en las técnicas literarias, en los discursos históricos, y hasta en las técnicas del dibujo y de la música. Incluso en los guiones de cine y televisión.

Los capítulos son cortos. El libro se lee con rapidez. Está lleno de trucos y ejemplos sencillos porque creo que todos buscamos consejos, no lecciones de gramática.

En las últimas páginas, he resumido nuestros tropiezos más habituales con la ortografía y la sintaxis. Por increíble que parezca, esos errores siguen persistiendo incluso entre personas que escriben muy bien.

# Cómo atrapar desde el principio

Todos solemos empezar las primeras líneas con alguna de estas composiciones:

Actualmente, vivimos en una época...
Desde el principio de la historia, los seres humanos se han enfrentado a...
Hoy en día, nuestro país atraviesa...
A lo largo de los últimos años...
Estamos en unos tiempos...

¿Qué tienen en común? Son resúmenes temporales: *actualmente, hoy día, en los últimos años...* Nuestra mente necesita ubicarse en un tiempo determinado antes de expresar sus pensamientos. Pero es un inicio impreciso. Es mejor empezar con una fecha más concreta:

Hace tres años, nuestra empresa estaba...
En enero de 1949 sucedió algo extraordinario...
Ayer por la tarde, fui testigo de...

Las primeras líneas deben ser las más atractivas. Si el cazador no engancha a su presa en esos segundos, el lector se le escapará.

¿Es tan difícil atrapar la atención? Es muy fácil con estas otras fórmulas:

**1. Suprimir el primer párrafo.** Lee atentamente los dos siguientes párrafos: A y B. Es un texto que trata de los problemas de contaminación de Ciudad de México.

**A.** Vivimos en una época en que la degradación ambiental y la sobrexplotación de los recursos naturales están deteriorando a gran velocidad nuestro

11

planeta. El rápido crecimiento de la población y la industrialización, unidos al consumo, degradan el entorno con enorme celeridad.

**B.** Ciudad de México se ha convertido en el ejemplo de cómo el hombre puede administrarse su propio veneno. Veinte millones de personas y sus dos millones de vehículos, todos hacinados en 1.485 kilómetros cuadrados, la han convertido en una de las más contaminadas del planeta. Lo sorprendente es que los mexicanos se han acostumbrado a este modo de vida.

Ahora, elimina el primer párrafo e imagina que el artículo empieza por el párrafo B. ¿Crees que hacía falta el primero para explicar el problema?

**2. Intercambiar el segundo párrafo por el primero.** Sin suprimir ninguno de los dos párrafos sobre México, ahora modifiquemos el orden: B y A. Ese cambio lo hace más atractivo:

**B.** Ciudad de México se ha convertido en el ejemplo de cómo el hombre puede administrarse su propio veneno. Veinte millones de personas y sus dos millones de vehículos, todos hacinados en 1.485 kilómetros cuadrados, la han convertido en una de las más contaminadas del planeta. Lo sorprendente es que los mexicanos se han acostumbrado a este modo de vida.

**A.** Vivimos en una época en que la degradación ambiental y la sobrexplotación de los recursos naturales están deteriorando a gran velocidad nuestro planeta. El rápido crecimiento de la población y la industrialización, unidos al consumo, degradan el entorno con enorme celeridad

**3. Comenzar con un relato.** ¿Por qué no comenzar con una historia personal?

Me disponía a disfrutar de mi primer día de visita a México, cuando abrí la ventana y percibí una nube gris sobre los edificios. ¿Iba a llover? El parte del tiempo no decía nada de eso. Segundos después me di cuenta de que se trataba de contaminación. No cabía duda. Había aterrizado en una de las ciudades con más polución de nuestro planeta: Ciudad de México.

**4. ¿Por qué no empezar con una pregunta?**

¿Sabían que en Ciudad de México hay más vehículos que en Finlandia?

**5. Frases famosas.** De pensadores, literatos, actores, del refranero... Tenemos un repertorio riquísimo de sentencias inteligentes que pueden enriquecer nuestro texto.

México lindo no es tan lindo cuando uno se enfrenta al tráfico, a la contaminación y al ruido.

Ahora voy a explicar cómo empezar un texto con imágenes para atrapar la atención.

# Cómo seducir con imágenes

Me disponía a disfrutar del primer sábado radiante de primavera cuando recibí la llamada de Lawrence Cohen, cardiólogo y compañero de la Universidad de Yale. Parecía aterrado. "Necesito tu ayuda, John. En el servicio de Urgencias. Ven enseguida. Se está muriendo, John. La estoy viendo morir".

Muchos pensarán que es una novela de crímenes firmada por un tal John Elefteriades. Nada que ver. Elefteriades es cardiólogo. Así empezaba un artículo titulado "Cuando el aneurisma se complica" para la sesuda revista *Scientific American*, en su versión española *Investigación y Ciencia* (octubre de 2005).

Es una revista para expertos, para gente con mucho conocimiento de medicina, astrofísica o antropología. Una revista para científicos.

El siguiente comienzo procede de un artículo de Glenn Starkman y Dominik Schwarz titulado "Disonancia cósmica", aparecido en el mismo número:

Imaginemos una orquesta de tamaño prodigioso que llevara tocando sin parar 14.000 millones de años. E imaginemos que la primera impresión que nos produjese fuera de armonía, pero al prestar más atención, percibiésemos que la tuba y el contrabajo interpretaban una partitura diferente.

Eso mismo sucede cuando se 'presta oído' a la música del universo, el fondo cósmico de microondas...

Y este artículo titulado "Orígenes de la complejidad animal" está escrito por David Bottjer para la misma revista, y empieza así:

"En ese camión va un bilateral", me dijo Jun-Yuan Chen, mientras el vehículo desaparecía en un recodo de la carretera. Con Chen, paleontólogo de la Academia China de las Ciencias en Nanjing, y Stephen Q. Dornbos, por entonces de la Universidad de California del Sur, acababa de recolectar un cargamento de rocas negras en un yacimiento de 580 a 600 millones de años de antigüedad, de la provincia china de Guizhou. Chen estaba seguro de que contenían algo importante.

Comprobado: si se puede comenzar así un complejo artículo científico, ¿quién ha dicho que no se pueda hacer lo mismo con cuestiones jurídicas o económicas?

La clave del primer párrafo es que concentre en una imagen la tesis general del artículo. Es decir, si vamos a hablar de la contaminación de Ciudad de México, lo más conveniente sería empezar con una descripción que reproduzca esa imagen. Y si vamos a hablar de un aneurisma, no debemos empezar con un deshumanizado diagnóstico sino hablando de una persona que sufre esa afección.

Hay muchas formas de comenzar un artículo. Pero pintar imágenes tiene la ventaja de que siempre funciona. Es el estilo de las novelas de acción, los guiones de las películas, o los cuentos contados a viva voz.

Las palabras que se pueden convertir en imágenes emiten más fuerza que las abstracciones. Son muy seductoras.

# Cómo potenciar la oración

Nuestra especie inventó los verbos para describir acciones, movimientos y dinamismo: agua que <u>fluye</u>, nubes que <u>avanzan</u>, tigres que <u>corren</u>... Ese estímulo atrapa tanto nuestra atención, que los directores de cine emplean los movimientos de seres o cosas para guiar nuestros ojos en cada plano. En la escritura, cualquier acción descrita con verbos es mucho más rica que la acción descrita con sustantivos. Veamos con verbos:

"Esperando en tensión tras la maleza, un neardenthal vigilaba al tigre de dientes de sable que inmediatamente le iba a atacar".

Y ahora, con sustantivos:

"En una tensa espera tras la maleza, un neardenthal se mantenía en vigilancia frente al inmediato ataque de tigre".

Las palabras "esperando", "vigilaba" y "atacar" tienen más energía que "espera", "vigilancia" y "ataque". Las últimas son más abstractas.

Esta forma de escribir con verbos en lugar de sustantivos es más adecuada para afrontar las complejas exposiciones de la literatura científica, la cual ya de por sí se sumerge en un mar de sustantivos abstractos.

Por tanto, cuando un sustantivo pueda ser sustituido por un verbo, no habría que dudar.

Ejemplos:

**Mal:** El crédito permitirá la financiación de las empresas.
**Bien:** El crédito permitirá financiar las empresas.

**Mal:** El padre ofreció como compensación una paga extra a sus hijos.
**Bien:** El padre compensó a sus hijos con una paga extra.

**Mal:** A este hombre le falta credibilidad.
**Bien:** Este hombre no es creíble.

**Mal:** La comunicabilidad de lo leído.
**Bien:** Comunicar lo que leemos.

Para detectar sustantivos sospechosos prestemos atención a los vocablos largos y a aquellos que terminan en *–ción* o en *–idad*. Climatización, proyectividad, conectividad…

**Ejercicio:**
Convierte las siguientes oraciones en expresiones más claras, es decir, con verbos:

-Los artistas están en disponibilidad de crear.

-La marginación de los pobres es una lacra.

-Para salir de la crisis se necesita dedicación al trabajo.

# Cómo narrar con verbos

Casi nadie percibe los errores que comete cuando mezcla los tiempos verbales dentro una unidad de acción. Este es el caso:

El tren partió de Málaga a 100 kilómetros por hora. Cinco kilómetros después alcanza los 300 km/h, velocidad que mantendrá hasta poco antes de llegar a Córdoba. El conductor, como es habitual, lleva a bordo la hoja de ruta y las velocidades máximas. En el kilómetro 54, una señal le avisó de la cercanía de la bifurcación de Córdoba. El conductor no le hará caso, y el tren descarriló produciendo muchas víctimas.

En las dos primeras oraciones, hay tres tiempos verbales: pasado, presente y futuro: 'partió', 'alcanza', 'mantendrá'. Y luego se vuelve al presente y al pasado. Es lo mismo que si el reloj de la pared marcase tres horas diferentes en la misma secuencia de una película.

¿Y cuál es el mejor tiempo para narrar una acción?

El pasado: *partió, alcanzó, mantuvo, llevaba*. Es lo más correcto para describir la evolución del convoy que sale de Málaga. En cambio, si pretendemos crear el efecto de un detallado informe policial, podemos aplicar el tiempo presente. Por ejemplo:

El tren <u>parte</u> de Málaga a 100 kilómetros por hora. Cinco kilómetros después <u>alcanza</u> los 300 km/h, velocidad que <u>mantiene</u> hasta poco antes de llegar a Córdoba. El conductor, como es habitual, <u>lleva</u> a bordo la hoja de ruta, y las velocidades máximas. En el kilómetro 54, una señal le avisa de la cercanía de la bifurcación de Córdoba. El conductor no le hace caso, y el convoy descarrila produciendo muchas víctimas.

Podemos usar diferentes tiempos verbales, pero siempre que sepamos, dentro de la unidad de acción, qué efecto queremos crear. En el ejemplo siguiente, vamos a comenzar en pasado y giraremos al presente y de ahí al futuro para crear el efecto de que estamos con el conductor en la cabina, y de que el tren se acerca a una peligrosa bifurcación.

El tren partió (pasado) de Málaga a 100 kilómetros por hora. Cinco kilómetros después alcanzó (pasado) los 300 km/h, velocidad que mantuvo hasta poco antes de llegar a Córdoba.

El conductor, como es habitual, lleva (presente) a bordo la hoja de ruta con el trayecto que va a realizar, y un cuadro de velocidades máximas.

A partir del kilómetro 54, tres señales sucesivas le avisarán (futuro) de la cercanía de la bifurcación de Córdoba. Faltan (presente) aún cuatro minutos para la primera señal.

El tren circula a más de 300 kilómetros por hora. A esa velocidad, un convoy de 4.000 toneladas necesita más de un kilómetro para frenar. Suena el primer aviso. Suena el segundo. El tercero. Quedan 300 metros para la bifurcación. El conductor acciona el freno. Ya es tarde.

# Cómo reducir las palabras

En un capítulo anterior he descrito cómo mejorar una frase sustituyendo los sustantivos por verbos. Ahora voy a exponer la fea costumbre de escribir con archisílabos, esas palabras largas que son innecesarias. Y también recomiendo cómo sustituirlas por otros sustantivos. Prestemos atención:

La visibilidad en estas carreteras es defectuosa debido a los condicionantes atmosféricos. Hay mucha pluviometría en esta zona del trópico. Eso crea una problemática en la accesibilidad a las abarrotadas aldeas circundantes.

Demasiadas sílabas en muy poco espacio: *visibilidad, pluviometría, abarrotadas, problemática, circundantes, accesibilidad, condicionantes...* La más corta tiene cinco sílabas. Por alguna causa desconocida, los archisílabos han inundado el lenguaje cotidiano a pesar de que no aportan claridad. Deberían ser sustituidos por palabras más cortas. Con lo fácil que sería escribir:

La visión en estas carreteras es defectuosa debido a las condiciones atmosféricas. Hay mucha lluvia en esta zona del trópico. Esto crea problemas de acceso a las aldeas cercanas.

Los políticos son grandes forjadores de archisílabos. Les fascina complicar sus discursos con terminaciones como –idad, -ción, -antes, -entes, -anza para dar un aire más soberano a sus oraciones.

La elegibilidad de un programa político depende de los condicionantes económicos y sociales. En consecuencia, todas nuestras actuaciones deben ir encaminadas a la mejorabilidad del nivel de vida, así como a la restauración de la credibilidad en nuestra gobernanza.

Con razón se dice que los políticos solo tienen una regla: "Si no puedes deslumbrar a las masas con tu inteligencia, desconciértalas con estupideces".

Otra forma de demostrar un pretendido dominio de cualquier materia consiste en abusar de largos sustantivos en los índices de los libros técnicos, científicos o en los ensayos. "La siniestralidad en el sector del automóvil"; "Los condicionantes de la inmigración"; "Variaciones de las amebas espongiformes"; "Usabilidad de las webs femeninas"; "El lenguaje infantil: ejemplificaciones"…

El profesor navarro Aurelio Arteta ha dedicado mucho tiempo a cazar y disparar contra estos archisílabos que infestan nuestros bosques lingüísticos.

En un mordaz artículo, Arteta se burlaba de la jerga económica y financiera. ("Dilo en archisílabos", *El País,* 22 de abril de 2012).

Los 'frenar', 'desanimar' o 'disuadir' se esconden hoy bajo el *desincentivar,* y los *desincentivos* arrinconan a 'frenos' y 'obstáculos'.

Es de suponer que *operacionalizar* y *operativizar* significan volver algo operante u operativo, de suerte que *operativización* se acercaría a lo dicho por ese hermoso término de *efectivización.* A duras penas he captado que en esa jerga *primarización* quiere decir exportar bienes primarios, pero aún no pillo a qué se alude con el *bancarizar* y la *bancarización.*

A lo dicho por Arteta, podemos añadir esos verbos terminados en -lizar como *instrumentalizar*, o *marginalizar*, en lugar de 'manipular' o 'marginar'. Es la jerga que adoran nuestros políticos, abogados y economistas.

¿Significa eso que nos debemos limitar a las oraciones compuestas de monosílabos?

"Hoy te vi al pie de la cruz y a la vez vi al sol un ser con faz gris y con piel de can".

Claro que no. Daría como resultado un ejercicio de composición más propio de una escuela de poesía. Muy artificioso.

**Trucos:**

Por su tamaño. Cuando una palabra sea muy larga, o sobrepase de cuatro sílabas, ya deberían sonar nuestras alarmas visuales. Hay que buscar sinónimos más cortos.

**Mal**: "En el ejercitamiento de nuestra labor política deberíamos presentar argumentativamente las razones para la refocalización de nuestra meta".

**Bien**: "En el ejercicio de nuestra labor política deberíamos presentar con argumentos las razones para centrar nuestra meta".

# Cómo acortar las oraciones

Una técnica literaria muy antigua para reducir el tamaño de las oraciones y hacerlas más manejables consiste en trocearlas. Supongamos que estamos mirando por la ventana y vemos un montón de nubes. Salimos a la calle. Escribimos lo siguiente:

> Empezó a llover *y* sacamos nuestros paraguas.
> Empezó a llover *y por eso* sacamos nuestros paraguas.
> Empezó a llover: *consecuentemente* sacamos nuestros paraguas.
> Empezó a llover. Sacamos nuestros paraguas.

En el último caso, una oración se ha dividido en dos gracias a un punto. Pero ambas mantienen su significado. Con ello nos ahorramos las conjunciones y los conectores *'y'*, *'y por eso'*, *'consecuentemente'*.

Se han escrito novelas enteras y poemas con esta técnica literaria que consiste en acortar las oraciones. Hay periodistas que la usan para describir escenas de acción. Y cuando no hay acción, sirve para crear un efecto parecido al impresionismo en la pintura, pues con breves trazos se puede lograr una obra llena de sentido.

¿Hasta dónde podemos reducir un texto a su mínima expresión sin que empiece a perder sentido? El siguiente ejemplo muestra un buen dominio:

> Ferran Adrià no es un cocinero. Es un agitador. El Che Guevara de la alta gastronomía. Ha liderado desde cero, sin formación ni subvenciones; sin un diseño previo, peldaño a peldaño, con los bolsillos vacíos y el discurso atropellado, la gran

23

revolución de la cocina mundial. Y el nacimiento de una cocina española de vanguardia. Prohibido prohibir. Libertad de expresión. Osadía. Creación. Autoestima. Nunca dudó de que el suyo fuera el camino. Ni cuando pocos cruzaban el umbral de El Bulli. Las críticas eran desfavorables. Sudaba para pagar la nómina. Y le llamaban loco. Lo confirman los que trabajaron a su lado. Por ejemplo, Andoni Luis Aduriz (1971), propietario del restaurante Mugaritz, a las afueras de San Sebastián; dos estrellas Michelin; poeta de la cocina y uno de sus grandes seguidores: "Ferran defendía su proyecto por encima del contexto. Yo había trabajado en 14 restaurantes antes de entrar en El Bulli, en 1993, y siempre buscaban un equilibrio entre ganar dinero y hacerlo bien. En El Bulli nuestra obligación era hacerlo perfecto, aunque no ganáramos un duro". (Jesús Rodríguez, "La segunda revolución", en *El País semanal*, 4 de abril de 2010.)

Una frase larga se puede dividir en dos cortas sustituyendo las conjunciones (y, pues, pero) por puntos.

El nadador español es bueno en el estilo braza, y el francés destaca en mariposa.
El nadador español es bueno en el estilo braza. El francés destaca en mariposa.

¿Y por qué esa obsesión por acortar oraciones? Porque en la era de internet, estamos obligados a escribir corto: los lectores son muy impacientes.

# Cómo impulsar un párrafo

Una de mis diversiones habituales es contar el número de líneas que transcurren desde que empieza una oración hasta que termina, es decir, hasta que aparece un punto y seguido. A veces cuento quince líneas. Son párrafos tan largos y complejos que, cuando escuchamos a alguien que habla así, decimos que "se ha largado una parrafada".

Se puede hacer magia con las frases y párrafos largos, pero hay que saber hacerlo como García Márquez, en este discurso en honor de Álvaro Mutis.

Fue una revelación que me transportó de golpe a mis años de universitario en la desierta salita de música de la Biblioteca Nacional de Bogotá, donde nos refugiábamos los que no teníamos los cinco centavos para estudiar en el café. Entre los escasos clientes del atardecer yo odiaba a uno de nariz heráldica y cejas de turco, con un cuerpo enorme y unos zapatos minúsculos como los de Buffalo Bill, que entraba sin falta a las cuatro de la tarde, y pedía que tocaran el concierto de violín de Mendelssohn. Tuvieron que pasar 40 años hasta aquella tarde en su casa de México, para reconocer de pronto la voz estentórea, los pies de Niño Dios, las temblorosas manos incapaces de pasar una aguja por el ojo de un camello.

Estas frases fluyen como un manantial cuando están bien encadenadas mediante conjunciones y preposiciones, intercalando las pausas habituales con comas, y poniendo las yuxtapuestas y subordinadas a tiempo. Pueden resultar muy melodiosas, y dan cuenta de un dominio artesanal de la sintaxis.

Pero si no se domina bien esa técnica, es mejor asegurar la comprensión de un texto reduciendo el tamaño de las frases y acortando los párrafos. Cuanto más largo sea un enunciado, hay mayor riesgo de que el lector pierda la noción del sujeto o del sentido.

Si exponemos una idea compleja con un elevado contenido abstracto es preferible acortar las frases. Esta fórmula es la más adecuada para redactar informes financieros, razonamientos morales, o cuando necesitamos aportar explicaciones de procesos o métodos.

Voy a poner un ejemplo de una frase muy larga.

Algunos economistas siguen empeñados en echar la culpa de nuestra situación crítica a los errores que se cometieron cuando se diseñó el euro, y proponen, incluso, soluciones extraordinarias como la posibilidad de romper con las reglas de zona monetaria, o desempolvan antiguas propuestas como sustituir la moneda única en unidades monetarias comunes, lo que pondría de nuevo en manos de los gobiernos el instrumento de respuesta que ofrecen los tipos de cambio, pero otros creemos que la cuestión es más sencilla, es decir, que estamos metiendo la pata al seguir la política económica que dictan los alemanes.

Ahora intercalemos puntos y seguidos:

Algunos economistas siguen empeñados en echar la culpa de nuestra situación crítica a los errores que se cometieron cuando se diseñó el euro [.] Proponen, incluso, soluciones extraordinarias como la posibilidad de romper con las reglas de zona monetaria [.] O desempolvan antiguas propuestas como sustituir la moneda única en unidades monetarias comunes [.] Eso pondría de nuevo en manos de los gobiernos el instrumento de respuesta que ofrecen los tipos de cambio [.] Pero otros creemos que la cuestión es más sencilla: estamos metiendo la pata al seguir la política económica que dictan los alemanes.

Cuatro puntos y seguido han logrado hacerla más comprensible. Nos han permitido tomar aire.

La técnica de coordinar oraciones se llama parataxis. Bien manejada, sirve para crear 'efectos especiales'. Coordinar dos frases, cada una de las cuales disfruta de su independencia, impulsa al lector a llenar los agujeros, dando saltos en el tiempo o deduciendo hechos no descritos. Mira estos dos ejemplos:

> Empezó a beber después de la medianoche. El sol de la mañana iluminó varias botellas vacías.

> Cuando quedamos la primera vez me dijo que llevara solo equipaje de mano por si no nos entendíamos y tenía que largarme. Al final, tuve que comprar algo de ropa.

**Ejercicio:**
Divide esta oración en varias frases:

Clara dejó que aquel hombre se le acercara pero le extendió la mano cuando se inclinó para besarla y le dio los buenos días, pues la habían educado para ser respetada.

# Frases largas y cortas

Entonces, ¿qué es más conveniente? ¿Frases largas o cortas? En este texto dominan las frases cortas.

Arranca pues la versión 4.0 del proyecto de Florentino Pérez. La primera etapa vino de la mano de Vicente del Bosque. Fueron buenos años para los blancos. Ese equipo fue apodado con el nombre de 'El Madrid de los Galácticos'. Florentino extendió cheques para comprar a los mejores astros del fútbol europeo. Funcionó. Lograron dos Ligas y una Champions –la novena-. Su impacto fue global. Todos los niños del mundo entero se vestían con la camiseta del Real. Ese era el sueño de Florentino y lo cumplió. Pero como todo en la vida tiene un principio y un final, el ciclo de ese equipo terminó con la salida de don Vicente. (Carlos D. Salas, "Florentino Pérez presenta su versión 4.0", *Marca Colombia*, 3 de mayo de 2013)

A continuación viene una descripción de la batalla histórica de Constantinopla, relatada con oraciones que tienen más o menos la misma longitud. Este balanceo entre una oración y la siguiente produce un efecto semipoético. Al no existir una oración corta de cierre, tenemos la sensación de que la batalla no ha terminado.

Poco antes de salir el sol, Giustiniani fue alcanzado por una culebrina que le atravesó el peto. Herido de gravedad y sangrando, pidió a sus hombres que lo sacaran del campo de batalla. Uno de ellos acudió al emperador, que estaba luchando cerca, y le pidió la llave de la puerta que conducía a la muralla interior. Constantino corrió al lado de Giustiniani y le rogó que no desertara de su puesto, mas los nervios de Giustiniani estaban deshechos e insistió en irse. La puerta fue abierta y su escolta lo entró en la ciudad; una vez dentro, tomaron las calles que bajaban hacia el puerto y allí lo embarcaron en un navío genovés. Las tropas de Giustiniani se dieron cuenta de su marcha. Algunos pensaron que se había retirado para defender la muralla interior, pero la mayoría de ellos llegó a la conclusión de que la batalla estaba perdida. Alguien lanzó, aterrorizado, el grito de que los turcos habían atravesado la muralla. Antes de que la pequeña puerta pudiese ser cerrada de nuevo, los genoveses se precipitaron por ella en retirada. El emperador y sus griegos quedaron abandonados en el campo de batalla. (Steven Runciman, *La caída de Constantinopla*, Reino de Redonda, Madrid, 2009).


Y en el próximo caso, se presenta un personaje femenino que vamos descubriendo poco a poco: oraciones cortas al principio, que obedecen a una descripción externa; luego, van ampliando su longitud -para envolvernos con la belleza interior y conocer la pureza del personaje-, y al final, otra oración corta que nos deja preocupados.


La señorita Morstan entró a la habitación con paso firme y gran compostura. Era una joven rubia, pequeña, muy limpia, y vestida con un gusto exquisito. Había, sin embargo, una sencillez y una simplicidad en su vestido que demostraban medios económicos limitados. Su vestido era de color gris, sin bordados ni adornos, y llevaba sobre la cabeza un pequeño turbante de la misma tela, cuyo único adorno consistía en una pluma blanca a un lado. Su rostro no tenía regularidad de facciones ni era de una belleza excepcional, pero su expresión era dulce y amable, y sus grandes ojos azules reflejaban una gran bondad. En mi experiencia con las mujeres, que se extiende a muchas naciones y a tres continentes diferentes, nunca había visto un rostro que revelara con tanta claridad una naturaleza refinada y sensible. No pude menos de observar que al tomar el asiento que Sherlock Holmes le ofrecía, sus labios pequeños temblaban y su mano se estremecía. Parecía presa de una intensa agitación interior. (Arthur Conan Doyle, *El signo de los Cuatro*, Teknibook, Buenos Aires).

Las oraciones cortas al final de cuentos y novelas, así como de artículos, reportajes y discursos, crean un poderoso efecto transfigurador y, si están bien escogidas, impactan en la memoria para siempre.

Tanto el discurso sobre la libertad frente al comunismo de Kennedy en 1963, como el de la voluntad frente a los obstáculos de Obama en 2008, tienen un final parecido. Ambos emplean una frase larga para exponer el gran desafío, y terminan con una frase corta que resume la esperanza:

*Ich bin ein Berliner* (yo soy alemán)
*Yes we can* (sí podemos)

# Ventajas de suprimir los adverbios

Frecuentemente, luego, ya, hoy en día, mensualmente, actualmente, periódicamente...

Intercalamos estos adverbios de tiempo para situar al lector ante un hecho que se produce en un lapso determinado. Pero muchos son innecesarios.

Existe una pista directa para que el lector sepa si estamos hablando de hoy, de ayer o de mañana: los tiempos verbales.

Es, será, fue, vendrá, tiene, amó, correrá, ha visto, hubo realizado...

Cuando aparece un verbo con su conjugación, sobran los adverbios pues no aportan más información. Ejemplo:

El buen gobierno es <u>frecuentemente</u> un tema de discusión en las reuniones del comité.

Ahora veamos la frase sin adverbio:

El buen gobierno es un tema de discusión en las reuniones del comité.

¿Cambia mucho el sentido? La verdad es que muy poco o nada. Entonces podemos suprimir ese adverbio.

La palabra 'frecuentemente' es similar a 'hoy en día', 'actualmente', 'periódicamente'. Tampoco sucede un drama si las suprimimos todas.

Cuando el contexto y el verbo dejan clara la frecuencia y el momento de un suceso, no hace falta añadir palabras.

En la primera lección contaba que una de nuestras manías es comenzar un texto con un resumen temporal: *actualmente, hoy en día, en estos tiempos...* En la mayor parte de los casos usamos adverbios temporales inútiles.

Pero si ese suceso se produce 'cada dos días', 'semanalmente', 'dentro de un año', o si se produjo anteayer, hace un lustro, o el siglo pasado, entonces hablamos de algo más específico. Hay que incluir esos matices.

Recordemos que muchos adverbios terminan en 'mente', lo cual estira aún más las palabras.

**Ejercicio:**

He subrayado todos los adverbios de tiempo en estos párrafos de un discurso político. Identifica cuáles son innecesarios y suprímelos.

Actualmente, vivimos un momento cultural inédito a escala planetaria. Estamos experimentando en nuestros días la primera era global, al igual que, anteriormente, experimentamos otras eras de nuestra historia.

Es necesario adoptar en estas horas un punto de vista subjetivo y analítico para interpretar nuestra situación ahora. Y debemos ser capaces de dejar a un lado el eclecticismo de ayer, y buscar la originalidad para poder tener desde ya una visión de un futuro lógico, medianamente acertada o cercana a la posible realidad. Esto es debido a que, en el momento presente, no podemos conocer qué será viable mañana, cuando cambien las circunstancias de hoy.

# Por qué eliminar conectores

Hay palabras que actúan como pegamento entre un párrafo y otro, o entre una frase y la siguiente: de hecho, sin embargo, paralelamente, por otro lado, asimismo, con todo, aun así, en consecuencia, por ejemplo, en resumen, es decir, por eso, a pesar de ello, por otra parte, de otro modo...

En los periódicos se les llama latiguillos. La academia los llama conectores. ¿Son necesarios tantos conectores? Veamos:

El equipo de fútbol luchó con coraje durante todo el partido. Sin embargo, perdió porque no supo defender su área en los últimos diez minutos, es decir, la defensa estaba llena de agujeros. Por eso, los contrincantes aprovecharon la oportunidad y metieron el único gol. Aun así, los perdedores se ganaron una ovación, no solo de su afición sino de parte de los seguidores del equipo contrario. A pesar de ello, los derrotados salieron abatidos del campo y uno de ellos se echó a llorar cuando abrazó a su madre. Algo que, por otra parte, se entiende porque ese jugador no pasaba de un metro de altura y tenía seis años. En resumen, aquellos hombrecitos esperaban cubrirse de gloria puesto que habían realizado un partido heroico, pero al final, no lograron su objetivo.

Ahora vamos a suprimir todos los conectores:

El equipo de fútbol luchó con coraje durante todo el partido. Perdió porque no supo defender su área en los últimos diez minutos: la defensa estaba llena de agujeros. Los contrincantes aprovecharon la oportunidad y metieron el único gol. Los perdedores se ganaron una ovación, no solo de su afición sino de parte de los seguidores del equipo contrario. Los derrotados salieron abatidos del campo y uno de ellos se echó a llorar cuando abrazó a su madre. Algo que se entiende porque ese jugador no pasaba de un metro de altura y tenía seis años. Aquellos hombrecitos esperaban cubrirse de gloria; habían realizado un partido heroico. No lograron su objetivo.

Pensar es un acto caótico. Al escribir domesticamos las ideas yendo de las causas a los efectos con ayuda de los conectores. Las cadenas de conectores se usan para no perder el hilo en los textos analíticos, en las opiniones y en los discursos. Pero no son tan necesarias.

Por ejemplo, para encadenar los dos párrafos siguientes y evitar el conector *paralelamente* (que he puesto entre corchetes), escogemos una palabra al final de un párrafo y la repetimos en el siguiente.

El gobierno no ha logrado calmar las protestas. Cada día se unen más sectores de pequeños cultivadores que han sufrido las consecuencias de la caída de los **precios.**

[Paralelamente]… las redes sociales también han denunciado esos **precios,** y con sus duros comentarios han encendido a las ciudades. Las protestas se han extendido por todo el país.

**Ejercicio:**
Escoge un artículo de un periódico cualquiera y suprime los conectores. ¿Eran necesarios?

# Barajar oraciones y párrafos

Cuando alguien escribe mal, le exhortan a que redacte las frases tal como estipula la Academia de la Lengua: con sujeto, verbo y predicado. En ese orden.

"El éxito se marchó con enorme rapidez".

Eso es la sintaxis. Pero el castellano es uno de los idiomas más versátiles del mundo. Miremos estas variaciones:

"Con enorme rapidez se marchó el éxito".
"Se marchó el éxito con enorme rapidez".
"Se marchó con enorme rapidez el éxito"

Casi nadie habla respetando la sintaxis al primer intento. Alteramos el orden de los elementos de una oración de forma inconsciente. Nuestra mente atrapa las ideas al vuelo y las expulsa de forma muy desordenada. Aunque parezca un contrasentido, cambiar el orden de los elementos de una oración evita la monotonía.

Se puede alterar el orden de las frases, de los párrafos y hasta de los capítulos. Veamos este ejemplo:

El economista ruso Piotr Karmanov ha construido un modelo económico para demostrar el efecto de la riqueza, basado en lo que denomina "la influencia del coche". En el garaje, tomamos muchas decisiones que pueden condicionar nuestros ahorros observando qué vehículo se ha comprado nuestro vecino.

Voy a trabajar con la primera frase con dos versiones:

1. Basado en lo que denomina "la influencia del coche", el economista ruso Piotr Karmanov ha construido un modelo económico para demostrar el 'efecto riqueza'.

2. Para demostrar el 'efecto riqueza', el economista ruso Piotr Karmanov ha construido un modelo económico basado en lo que denomina "la influencia del coche".

Y al revés: podemos empezar con la última oración del párrafo. Es la modalidad que más me gusta porque tiene una expresión más visual. Se llama *inversión*.

3. En el garaje, tomamos muchas decisiones que pueden condicionar nuestros ahorros solo con ver qué vehículo se ha comprado nuestro vecino.

Y luego, proseguimos con la 1 o la 2.

Alterando las frases y los párrafos, mantenemos el interés sobre el texto y evitamos la monotonía. Algunos autores se toman mucho tiempo en esta técnica.

¿Hay alguna regla para agrupar las palabras en una oración? Veamos estas recomendaciones:

**Caso 1.** Dejar el verbo al final de la frase produce efectos poco naturales. Es más habitual en inglés o alemán. No tanto en español.

En el garaje, muchas decisiones que pueden condicionar nuestros ahorros, tomamos.

**Caso 2.** En las oraciones simples, el verbo debería estar al principio o en la mitad, no al final.

> **Bien:** "Unas casas <u>eran</u> pequeñas".
> **Bien:** "<u>Eran</u> unas casas pequeñas".
> **Mal:** "Unas casas pequeñas <u>eran</u>".

**Caso 3.** En las oraciones más largas (que pueden incluir comas, guiones o punto y coma), no es recomendable trasladar hasta el final el verbo más intensivo, porque el lector ya no sabrá de qué se estaba hablando.

> La ecuación de Konrad consiguió predecir lo que se había observado en el laboratorio; pero en su propósito de "darle sentido al enigma" -como lo llamó él de forma alegre-, Konrad <u>fracasó</u>.

Cambiando de lugar el verbo intensivo (el más importante de la narración):

> La ecuación de Konrad consiguió predecir lo que se había observado en el laboratorio; pero Konrad <u>fracasó</u> en su propósito de "darle sentido al enigma", como lo llamó él de forma alegre.

**Caso 4.** Las oraciones son más difíciles de comprender cuanto más se alarguen. Cuando sucede eso, hay que agrupar las palabras que tengan cierta relación entre sí, tratando de que el verbo no quede muy atrás.

> **Mal:** "El alcalde de Lima inauguró las nuevas viviendas sociales para dar techo a cien familias en el barrio de las Mercedes"
> **Mal:** "El alcalde de Lima, para dar techo a cien familias, en el barrio de Las Mercedes, inauguró las

nuevas viviendas sociales".

**Bien**: "El alcalde de Lima inauguró en el barrio de las Mercedes las nuevas viviendas sociales que dan techo a cien familias".

Hemos agrupado 'barrio' con 'las viviendas', manteniendo el verbo 'inauguró' al principio de la oración, pues contiene la mayor tensión expresiva del conjunto.

**Caso 5.** Agrupar las palabras relacionadas, nos evita caer en la ambigüedad o en el histrionismo como la que sigue.

Se vende una vivienda a pareja con hijos de 250 metros.
Se vende una vivienda de 250 metros a pareja con hijos.

**Ejercicio**:
Haz variaciones de los elementos de esta oración:

Un documento escrito con el clásico orden gramatical de 'sujeto, verbo y predicado' acaba siendo pesado como el plomo.

Ahora agrupa las palabras relacionadas de esta frase:

Los intentos de los científicos, a pesar de su brillantez, para resolver el enigma del átomo, fueron desechados.

38

# El tempo musical en los textos

Imaginemos que alguien nos solicita un artículo de opinión sobre *Ágora*, la película de Amenábar.

Si nos piden que llenemos cinco folios, nuestra mente ejecutará automáticamente un *largo*, lo que en música equivale a 20 pulsaciones por minuto. Es un tempo lento y ceremonioso, reflexivo y tranquilo. Las frases se estirarán de forma inconsciente. El texto rebosará de oraciones subordinadas, yuxtapuestas y frases de relativo, pues todo ello es necesario para ir rellenando ese inmenso espacio en blanco que se presenta ante nosotros.

Recordemos que una oración o un enunciado siempre acaba en un punto y seguido. Cuanto más larga sea la oración, crece el riesgo de que el lector pierda la noción de quién es el sujeto y cuál es su acción principal. Pero logramos rellenar la inquietante hoja en blanco.

Supongamos que son cuatro folios. Concentraremos los mismos pensamientos en menos páginas. Requiere acelerar el ritmo, lo que en música se interpreta como un *adagio*; o sea, a más de 60 pulsaciones por minuto. Quitaremos un poco de *paja* y trataremos de acortar las frases. Será una tarea fácil de cumplir, pues nos damos cuenta de que había muchos párrafos que repetían la misma idea una y otra vez.

Si nos piden tres páginas, nuestra mente se dispondrá a escribir al ritmo de un *andante*: más ágil, más dinámico. Cortaremos párrafos, frases redundantes y calificativos repetidos. Las archisílabas y sobresdrújulas se convertirán en llanas o agudas. No diremos "pluviometría" sino "lluvia". Pasamos de las 100 pulsaciones por minuto.

¿Y dos páginas? Iremos a 120 pulsaciones por minuto, incluso a 160. Escribiremos un *allegro*. Usaremos menos artículos. Menos frases. Pondremos puntos y seguido donde había conjunciones. Y fuera todos los adverbios que terminan en *mente*.

¿Y un folio? Frases muy cortas. Muchos puntos y seguido. Pocos adjetivos. Al grano. Palabras de menos de cuatro sílabas. Es el *presto*. El ritmo pasa de los 200 golpes por minuto. Una carga de caballos.

Algunos lectores habrán descubierto que estos párrafos que acabo de redactar reproducen los ritmos que describo: el primero es largo y espaciado, y tiene ocho líneas. El último, rápido: no hay palabras de más de tres sílabas, salvo 'adjetivos'. Y tiene cuatro líneas.

Parece que hoy estamos obligados a escribir con el tempo rápido, el *presto*: muchas ideas en pocas frases.

La mayoría sigue empleando el estilo *largo* porque desea impresionar a sus lectores o porque no sabe resumir. Es el estilo académico, formal, del siglo XIX. Pero se corre el riesgo de aburrir. La brillantez consiste en definir una gran idea en pocas palabras.

El truco para dominar bien este arte radica en aprender a usar el *presto*. ¿Qué pasaría si escribiéramos un texto muy extenso con ese estilo rápido? Que mantendríamos la atención del lector hasta el último momento, tal como hacen los grandes escritores de *best sellers*. Stieg Larsson publicó más de 2.000 páginas de una novela en tres tomos, y la gente los devoró como galletas. Empleó un tempo *presto* (propio de la acción trepidante), a pesar de que la obra es bastante larga.

Anders Jonasson miró de reojo por la ventana y vio que relampagueaba intensamente sobre el mar. El helicóptero llegó justo a tiempo. De repente, se puso a llover a cántaros. La tormenta acababa de estallar sobre Gotemburgo. Mientras se hallaba frente a la ventana, oyó el ruido del motor y vio cómo el helicóptero, azotado por las ráfagas de tormenta, se tambaleaba al descender hacia el helipuerto. Se quedó sin aliento cuando, por un instante, el piloto pareció tener dificultades para controlar el aparato. Luego desapareció de su campo de visión y oyó cómo el motor aminoraba sus revoluciones. Tomó un sorbo de té y dejó la taza. (Stieg Larsson, *La reina del palacio de las corrientes de aire*. Destino, Barcelona, 2009, p.10).

**Ejemplo:**
Vamos a leer dos textos: uno es *lento*; otro, *presto*:

Lento o largo

Actualmente, desde distintas áreas del universo cinematográfico y artístico se viene insistiendo en la necesidad de mejorar la calidad del cine español pues, desde luego, contamos con grandes especialistas. No cabe duda de que uno de ellos es Alejandro Amenábar, quien acaba de dirigir la película *Agora*, que trata sobre Hipatia de Alejandría, una mujer científica que vivió en el siglo V después de Cristo, y que propuso tesis fascinantes sobre el movimiento de los planetas.

Amenábar, gracias a su maestría, plantea en su cinta a las siguientes interrogantes: ¿Quién era esta mujer tan sobresaliente en su tiempo? ¿Cómo logró destacar en un mundo de hombres? ¿Por qué fue asesinada de forma vil por hordas de fanáticos? ¿Qué le sucedió a la Biblioteca de Alejandría?

Sin entrar en las polémicas estériles sobre la ejecución de esta obra cinematográfica, hay que reconocer que el cineasta español, vasco para más señas, se ha sabido enfrentar con mano firme y con entereza a lo que parecía que había olvidado el cine español, me refiero al cine epopéyico e histórico, a

41

ese viejo cine de masas y decorados, de movimientos de ejércitos y acción a lo grande. A mi juicio, Amenábar ha resuelto todas las dudas pues ha dado respuesta a todas las preguntas.

*Presto prestissimo*

Alejandro Amenábar estrenó *Ágora*. Es la historia de Hipatia, una científica del siglo V. Propuso tesis fascinantes sobre el movimiento de los planetas. Fue asesinada por hordas de fanáticos, quienes incendiaron la Biblioteca de Alejandría.

Por fin, el cine español ha recuperado la epopeya. Desde los decorados a los movimientos de masas, Amenábar ha resuelto todas las dudas que había sobre nuestra capacidad de hacer cine a lo grande.

¿Por qué usamos tantas palabras para expresar una idea? Porque los seres humanos necesitamos ordenar y aclarar nuestras ideas. Por eso empleamos tantas palabras en el primer intento. Pero luego, debemos tomarnos tiempo para eliminar la grasa y las repeticiones. En eso consiste el arte de *editar*. Es la esencia de esta magia.

**Ejercicio:**
Resume la historia de la humanidad en 30 líneas.

# La voz activa y la pasiva

Leamos estas dos frases:

"Abrí la carta".
"La carta fue abierta por mí".

La primera está escrita en voz activa. Es una forma verbal clara y simple. El sujeto, yo, abre la carta. Este sujeto es quien ejecuta la acción. La frase tiene ímpetu.

En la segunda, el sujeto es la carta. ¿No suena raro? La carta no se abre a sí misma. Es un sujeto paciente. Quien la abre (nosotros) está actuando como complemento agente. La pasiva tiene menor fuerza expresiva y hay que manejarla cuando queramos dar relevancia a ese sujeto.

Supongamos que deseamos escribir sobre la fundación de una ciudad importante. Y empezamos así:

"Caracas fue fundada por Diego de Losada".

Después enunciaremos la historia de la ciudad, su imponente situación en un valle, la inmensa montaña que la defiende de huracanes, su temperatura primaveral. Con la oración pasiva, el fundador de Caracas queda en segundo plano. Es lo que pretendemos.

En cambio, si deseamos destacar la biografía de Diego de Losada, nos interesa escribir en voz activa: así promovemos su papel en ese hecho histórico. Diremos:

"Diego de Losada fundó la ciudad de Caracas".

A partir de ahí, ya podemos hablar con generosidad de este español conquistador, sus andanzas, su origen, sus hazañas. Damos relevancia a la persona.

Supongamos que debemos relatar la historia de una bomba cuyo mecanismo de relojería la hará estallar en un centro comercial. Los artificieros deben evitar la masacre. Puesto que deseamos relatar su coraje, ellos deben ser los sujetos protagonistas de esta historia.

Los artificieros se acercaron... Estuvieron una hora manipulando la bomba... cortaron los cables... inutilizaron el detonador... salvaron a mucha gente....

¿Qué pasaría si el escritor prefiere conceder a la bomba un aire más amenazador, como si tuviera vida y fuera un ser perverso? Podemos emplear la voz pasiva.

La bomba fue aislada por un grupo de especialistas... era manipulada por los artificieros... el tiempo corría, mientras el artefacto era tratado con toda clase de artilugios... Su mecanismo se resistía a ser descifrado por los expertos... el laberinto de cables fue desenmarañado lentamente por las manos de los policías... ¿Rojo o azul? La diabólica bomba fue desactivada por los artificieros...

La voz pasiva se compone con el verbo 'ser' y un participio. "Fue escuchado", "es visto", "será pintado". Al ser una voz distante, se usa para conferir el efecto de lejanía, de distancia o de melancolía.

"Aquella noche, el grito del niño fue escuchado por todos".

La voz activa, en cambio, puede compararse con un plano más corto en el cine: "En pocos minutos, los soldados desmontaron el campamento, recogieron las tiendas y apagaron las fogatas".

Al contrario, la pasiva sería un plano general. "En pocos minutos, el campamento fue desmontado por los soldados, las tiendas fueron recogidas, y las fogatas, apagadas".

En algunos informes técnicos y financieros, elaborados por auditores, se emplea la pasiva para conferir una extraña seriedad al cálculo:

Estas cuentas anuales <u>serán aprobadas</u> por la Junta sin ninguna modificación.

El detalle de las ventas <u>fue descrito</u> en la nota número 3.

Lo más correcto es activar al sujeto:

La Junta aprobará las cuentas.
La nota número 3 describe las ventas.

En las revistas de arquitectura e ingeniería, se emplea la pasiva para dar importancia al objeto, no al ser humano.

A pesar de las dificultades técnicas, <u>el puente fue construido</u> por los ingenieros con métodos novedosos. <u>Fue inaugurado</u> en 1917.

Esta alteración es pasable cuando lo importante es el edificio, la casa fantástica o el motor de combustión. Para otros casos, es mejor usar la voz activa.

Los médicos padecen la tendencia a convertir a los pacientes en 'casos' empleando la pasiva. "El caso <u>fue analizado</u> por el comité de bioética del hospital".

Lo normal sería escribir en voz activa:

El comité de bioética analizó a Fulanito.

**Ejercicios:**
Transforma en activa las siguientes frases pasivas:

-Las llamas fueron apagadas por los bomberos.

-El resultado negativo fue originado por las malas decisiones del director.

-El campo de fútbol fue desalojado por la policía tras los incidentes.

-El paciente fue trasladado en ambulancia por los médicos de urgencia al hospital.

# Por qué suprimir los reflexivos

Cuando los políticos salen a la palestra para proclamar que han inaugurado hospitales, han subido las pensiones o han bajado impuestos, se ponen al frente de los verbos de acción y proclaman: *nosotros inauguramos, nosotros aprobamos, nosotros bajamos...* Pero cuando llega la hora de comunicar medidas impopulares como subir impuestos o bajar salarios, entonces ceden el paso al señor 'Se': *se subieron los impuestos, se han bajado las pensiones, se echaron funcionarios...*

El ser humano emplea la partícula 'se' para echar la culpa de las malas noticias a un ser invisible. Es una partícula con muchos usos, pero el más débil es el impersonal. Por ejemplo: "se han construido dos puentes", "se ha mejorado la red eléctrica de Chile", "se ha instalado el nuevo servicio de teléfonos de Argentina"...

A muchos empresarios les sucede lo contrario que a los políticos. En las atormentadas memorias anuales, en lugar de hablar de 'nosotros' para exponer sus tareas más notables (construimos este puente), escriben cosas fantasmales como "se han construido puentes", como si los puentes fueran elevaciones impersonales.

A pesar de que es una partícula sin vida, inunda los informes médicos (al paciente 'se' le administró una inyección), los resúmenes financieros (la empresa 'se' compromete a...), y las columnas de opinión ('se' es incapaz de ejercer el voto en estas circunstancias).

Ejecutar acciones no es poner un anuncio inmobiliario de "se venden pisos". Siempre hay alguien detrás de la acción: el sujeto, la persona de carne y hueso, los seres humanos que mueven el mundo. Entendemos mejor los verbos conjugados con primeras personas (yo, nosotros).

Donde más abundan los impersonales 'se' es en los informes financieros de las empresas. "A continuación se describen los principales acontecimientos...", "se consideró la devaluación del euro"; "se invirtió en las filiales"; "se amplió capital en las participadas".

Una de las cartas al accionista que me gusta poner como ejemplo de lo contrario es la que todos los años envía y publica Warren Buffett en el portal de Berkshire Hathaway, su empresa de inversiones mundiales.

Buffet, uno de los hombres más ricos del mundo, escribe en primera persona. Habla con el accionista como si estuviera con él en la barra de un bar. Y Buffett explica los complejos términos financieros en forma sencilla: le dice qué ha hecho con su dinero en el último año.

Los médicos hacen lo contrario. A pesar de que su trato con los pacientes es más estrecho que el de Buffett con los inversores, a los médicos les encanta emplear los reflexivos para describir sus partes médicos, o quizá para reducir el dramatismo.

Al delantero brasileño, se le ha practicado una limpieza y, a continuación, se le ha incorporado una plastia de refuerzo con la fascia del tríceps sural.

Se observa arrancamiento de nervio facial izquierdo.

La prueba de que estamos hablando de una partícula sin alma es que los gramáticos la llaman 'reflexivo impersonal'.

# Cacofonías, aliteraciones…

La rima no funciona en la prosa. Por ejemplo:

Este análisis está muy bien document<u>ado</u>. El autor se lo ha trabaj<u>ado</u>. Sin duda, no ha dej<u>ado</u> nada de l<u>ado</u>.

Son expresiones ruidosas y poco elegantes. Aunque repasemos varias veces nuestros escritos, la mente no detecta sus propios errores. Un ejército de ripios acaba teniendo un efecto atronador. En el ejemplo anterior es fácil detectar aquello que suena mal porque al final de cada oración aparecen varias sílabas coincidentes. Parece una estrofa. Pero las coincidencias en las vocales tónicas no siempre son tan fáciles de señalar.

Deberíamos utilizar el dinero del rescate para impulsar un crecimiento que ayude a recuperar nuestra capacidad de generar ingresos.

En este enunciado hay tres verbos en infinitivo que terminan en -ar. ¿Se han dado cuenta los lectores? Temo que no. Se debe a que no produce un efecto tan llamativo como el anterior. Pero sigue siendo molesto. García Márquez decía: "Soy muy sensible a la debilidad de una frase en la que dos palabras cercanas rimen entre sí, aunque sea en rima vocálica, y prefiero no publicarla mientras no la tenga resuelta".

Hay cosas peores llamadas cacofonías (en griego quiere decir 'que suena mal').

Los triglicéridos trajeron trastornos a tres pacientes que nacieron en Triana.

Salta a la vista que la repetición de 'tr' convierte la frase en un camino empedrado. Esta es otra versión:

Chacón dice que el error de Marca España da alas al fanatismo catalán.

Nada menos que trece 'a' juntas.
Solo hay dos formas de eliminar las rimas y las cacofonías: realizando una lectura atenta, o en voz alta. Con el tiempo, se adquiere tanta práctica que tras una primera revisión en silencio ya se detectan estos errores.

Las repeticiones y las cacofonías se emplean en la poesía para acentuar un efecto sonoro. Pero son ineficientes en la prosa. Una de esas figuras retóricas es la aliteración. Se parece mucho a la cacofonía, pero es un poco más suave. Es la repetición de grupos de vocales o de consonantes. Vamos a usarlo en un informe procesal:

La sentencia de la sección segunda de la Audiencia de Palencia ha declarado la responsabilidad penal de Joan Peral en el caso Stratax Club de Fútbol al constatar que hubo "aportaciones al portero en forma de dinero", según se indica en el escrito.

En la primera línea hay tres 'se' muy juntas. Luego viene 'audiencia' con 'Palencia', y al final, sale 'aportaciones al portero en forma de dinero'.

Las aliteraciones y las cacofonías se usan para imitar sonidos, reproducir olores y crear extraños efectos. (Lo explico en el capítulo de los 'efectos especiales').

# Cómo eliminar lo evidente

*Subir arriba, bajar abajo, entrar dentro, salir afuera.* Cuando hablamos así, alguien nos corrige en broma preguntando: ¿es que subes abajo, o entras fuera? El verbo ya indica la dirección.

Pero hay otras formas más sutiles de cometer el mismo error: 'escorar hacia un flanco', 'la red comercial de ventas', 'la televisión que vemos', 'el colofón final', 'beber un líquido', 'un jardín hermoso'.

Los barcos se escoran siempre a un lado, las redes comerciales existen para vender, siempre 'vemos' la televisión, los colofones son la parte final de un escrito, solemos beber líquidos, y los jardines son de por sí hermosos. Se llama *pleonasmo* a la manera incorrecta de repetir las ideas. Solo se acepta cuando deseemos enfatizar algo. Pero es innecesario repetir lo evidente.

Otro error habitual consiste en agregar palabras que añaden poca sustancia a la información inicial.

Por ejemplo: entre 'una habitación vacía' y 'una habitación completamente vacía', ¿hay mucha diferencia?

El concepto de *vacío* ya abarca toda la habitación. Si quisiéramos decir que tiene algunos enseres, diríamos 'medio vacía', 'no estaba vacía del todo', 'vacía, excepto por un sofá'.

Por eso debemos repasar cualquier texto y cazar esos errores que cometemos sin darnos cuenta.

Estamos obligados a recordar que los lectores 'entran en situación' a medida que avanza la lectura. Algunas cosas las tienen presente. Otras hay que recordárselas.

Si estamos describiendo lo que sucede en un edificio, no hace falta repetir en cada párrafo que estamos hablando de un edificio. Supongamos que vamos por el cuarto párrafo, y que se nos ocurre escribir que "no había puertas de metal en el edificio". Ese complemento de lugar está de más.

En los informes de empresa se cae con frecuencia en las redundancias de este tipo: se dice a cada rato *la compañía, la empresa, la sociedad*...

Estimados amigos: es para mí un placer compartir con ustedes el balance y la cuenta de resultados de Construcciones Marcom, así como las excelentes perspectivas del futuro de nuestra compañía.

En la segunda oración, basta decir "perspectivas de nuestro futuro".

Otro ejemplo:

En el pasado año, hemos logrado superar los retos. En 2011, nuestras ventas se incrementaron.

La fecha se repite dos veces. Eso se enmienda escribiendo:

En 2011 hemos logrado superar los retos: nuestras ventas se incrementaron.

**Ejemplo:**
¿Puedes detectar si en estas frases sobra algo?

-Son cosas que se repiten una y otra vez.

-Y después de tantas peripecias, al final acaba yéndose a su casa.

-Tenía la certeza absoluta de que iba bien dirigido.

-Las ventas totales fueron de cinco millones.

-Juan apretó el gatillo y en consecuencia todo el vecindario escuchó un disparo.

-Era un jardín hermoso lleno de flores.

-Aquel sufrido hombre llevaba una carga muy pesada encima.

-Soplaba una brisa suave y apacible.

# Dónde poner los adjetivos

¿Qué diferencia hay entre "un bello bosque" y un "bosque bello"?

En inglés se pone el adjetivo delante del sustantivo pues se dice "*a beautiful forest*".

En español, se puede poner delante o detrás del sustantivo, aunque en la mayor parte de los casos va detrás porque incrementa la cualidad del nombre:

Hombre <u>alto</u>, casa <u>hermosa</u>, vista <u>bella</u>.

¿Cambia el sentido si se pone el adjetivo delante? Por supuesto, pero no en todos los casos.

"Es un <u>pobre</u> hombre" (un mediocre).

"Es un hombre <u>pobre</u>" (sin dinero).

"El periódico publica noticias <u>ciertas</u>" (verdades).

"El periódico publica <u>ciertas</u> noticias" (solo algunas noticias)

En otros casos, la posición del epíteto apenas modifica el sentido de la oración:

"Un <u>bello</u> bosque" o un "bosque <u>bello</u>" quieren decir que es hermoso en ambos casos.

Los amantes del idioma recomiendan no juntar adjetivos similares: "Notorio y manifiesto homenaje"; "hermoso y bello bosque"; "alta y elevada imagen"...

Hay que imponerse como norma estética evitar los adjetivos manoseados: "lindo espectáculo"; "hermosa mañana"; "pertinaz sequía", "jugada soberbia", "revista prestigiosa", "actuación estelar".

Para algunos escritores como el norteamericano Mark Twain, los adjetivos deberían estar separados en una narración o incluso ser 'asesinados'. Con su tono chillón, debilitaban un buen texto.

María estaba <u>feliz</u> y <u>radiante</u>. Su rostro expresaba una mezcla de dicha <u>infinita</u> y, a la vez, el <u>irreprimible</u> deseo de acercarse a su <u>bello</u> capitán, y darle un beso en su rostro <u>blanquiazul</u>. Lo amaba con locura y por encima de todas las cosas. Pero no era tan fácil confesárselo. El capitán también la amaba.

Los buenos literatos afirman que esas escenas de amor se deben resolver describiendo gestos y actitudes, o mediante diálogos que expresen el amor. No adjetivos.
El siguiente texto procede de *Ana Karenina*. La heroína de esta novela de Tolstoi está casada. Un militar llamado Vronsky pretende captar su atención, y se sube con ella en un tren. A ella le complace ese gesto porque siente algo inexplicable por Vronsky.

-Ignoraba que usted pensase ir a San Petersburgo. ¿Tiene algún asunto en la capital? –preguntó Ana, separando la mano de la barandilla.
Y su semblante resplandecía.
-¿Algún asunto? –repitió Vronsky, clavando su mirada en los ojos de Ana Karenina-. Usted sabe muy bien que voy para estar a su lado. No puedo hacer otra cosa.
En aquel momento, el viento, como venciendo un invisible obstáculo, se precipitó contra los vagones, esparció la nieve por el techo y agitó triunfalmente una plancha que había logrado arrancar.
Con un aullido lúgubre, la locomotora lanzó un silbido. (León Tolstoi, *Ana Karenina*. Aguilar, Madrid, 1960).

En ese extracto, los diálogos revelan una fuerte tensión amorosa. La magistral expresión del viento, la nieve, la plancha y el silbido del tren, acentúan esa tensión.

En ningún momento se lee algo así como: "El fornido militar se acercó a la hermosa mujer y le dijo: 'Siento un profundo y luminoso amor por ti, sol de mi vida".

Sólo resaltan dos adjetivos: *invisible* y *lúgubre*.

El uso de los adjetivos revela la opinión, la moral, los prejuicios y los valores del autor. Por eso, debemos ser muy cautos cuando analizamos o criticamos algo. Escoger el adjetivo adecuado denota buen criterio. Pasarse de rosca, arruina nuestro argumento.

**Bien:** "Los beneficios de nuestra compañía de trenes han crecido un <u>razonable</u> 5% en el último año".

**Mal:** "Los beneficios de nuestra compañía de trenes han sido <u>espectaculares e increíbles</u> pues han crecido un 5% en el último año".

Cuando el lector percibe un desajuste entre los adjetivos y el contexto, deduce que el autor se ha dejado llevar por la pasión, es poco creíble, muy poético o simplemente mentiroso.

Los jóvenes abusan de los adjetivos porque sienten la vida con más pasión.

Perpleja, atónita, y muda me quedé cuando abrí aquella enigmática carta que había recibido una cálida mañana de julio.

La abrí con mis manos temblorosas y húmedas. Necesitaba estallar como un globo lleno de gas inflamable. Guardaba en mi interior la rabia contenida de mil años, una terrible amargura, el horror del inaguantable desprecio.

Ahora escribamos con menos adjetivos:

Me quedé <u>atónita</u> cuando abrí la carta. Necesitaba estallar. Guardaba en mi interior la rabia de muchos años de desprecio.

¿Debemos abandonar los adjetivos para siempre? Solo los innecesarios. He aquí un análisis del fracaso escolar con pocos adjetivos:

> ¿Desde cuándo preocupa el fracaso <u>escolar</u>? No preocupaba medio siglo atrás, cuando se consideraba <u>natural</u> que los niños y adolescentes fueran rechazados en masa por el sistema <u>escolar</u>. La escolarización <u>primaria</u> era un objetivo de carácter <u>universal</u>, pero a nadie le extrañaba que <u>miles</u> de alumnos dejaran de serlo para incorporarse a la actividad <u>económica</u>, particularmente si se trataba de las tareas domésticas -las mujeres-, o del trabajo agrario -los hombres-.

Ahora, con adjetivos innecesarios.

> ¿Desde cuándo preocupa el <u>insoportable</u> fracaso <u>escolar</u>? No preocupaba <u>nada de nada</u> medio siglo atrás, cuando se consideraba <u>macanudo </u>que los niños y adolescentes <u>más burros</u> fueran rechazados en masa por el <u>inútil</u> sistema <u>escolar</u>. La <u>torpe</u> escolarización <u>primaria</u> era un objetivo <u>universal</u>, pero a nadie <u>medianamente listo</u> le extrañaba que <u>miles</u> de <u>inocentes</u> alumnos dejaran de serlo para incorporarse a la <u>remunerada</u> actividad <u>económica</u>, particularmente si se trataba de las tareas domésticas -las mujeres <u>más torpes</u>-, o del trabajo agrario -los hombres <u>más tontos</u>-.

Como he escrito antes, los adjetivos revelan las opiniones del autor. Sus inclinaciones. Y sus prejuicios.

Por ejemplo: en Wikipedia se abrió un encendido debate sobre cómo habría que calificar a Mao Tsé-Tung (o Mao Zedong). ¿Un dictador? ¿Un genocida? ¿Un tirano? Se le atribuían más de 70 millones de muertes pero algunos colaboradores de la enciclopedia digital afirmaban que no se le podía calificar de genocida porque nunca existió un plan exterminador. Esos millones de personas murieron de hambre porque "salieron mal" los planes económicos de Mao, ya que "no sabía de economía". Los planes eran "buenos", o estaban realizados con "buena fe", según algunos colaboradores.

Calificar a Mao de simple 'dictador' sabiendo que tiene a sus espaldas más de 70 millones de muertes es demasiado generoso. Este uso equivocado de un adjetivo es el claro ejemplo del sometimiento de la razón a un prejuicio ideológico.

Los grandes debates en Wikipedia suelen estar relacionados con el uso de los adjetivos.

**Ejercicio:**
Describe la añoranza que siente una mujer cuando se acerca en tren a su pueblo, después de veinte años de ausencia. Haz una versión con muchos adjetivos, y otra con pocos.

# Cómo evitar los relativos

Uno de nuestros mayores defectos consiste en abusar de las frases de relativo: ponemos muchos 'que'.

Ptolomeo II, que era el rey de los griegos en el siglo III antes de Cristo, y que deseaba engrandecer la biblioteca de Alejandría, invitó a setenta sabios judíos a escribir la historia de Israel. Los sabios acudieron a aquella seductora llamada que suponía volcar la historia de los judíos en el idioma más poderoso, idioma que era hablado por el pueblo más civilizado de la época que eran los griegos.

Las oraciones de relativo no son un crimen gramatical. Pero al funcionar como complementos que socorren, aclaran o especifican, pueden convertirse en el fácil salvavidas de una mente indisciplinada, de alguien que se va por las ramas.

Para resolver ese abuso, recomiendo leer el *Curso de redacción* de Martín Vivaldi. Dice lo siguiente:

En lugar de: "El general que conquistó la ciudad"
Debemos escribir: "El general, **conquistador** de la ciudad".

Aquí se usa una aposición. Es la unión de dos sustantivos, o de un sustantivo con un adjetivo, sin verbo por medio: general, conquistador; o, el general, ingenioso...

En el habla común solemos emplear muchas aposiciones. Por ejemplo: "Jorge, **el cerebrito**, entiende mucho de informática".

Más ejemplos:

En lugar de: "Hay una edición de este libro que me resulta muy agradable por su impresión".
Debemos escribir: "Hay una edición de este libro, muy gratamente impresa".

En lugar de: "Dos movimientos que se producen al mismo tiempo".
Debemos escribir: "Dos movimientos simultáneos".

En lugar de: "Un padre que perdona fácilmente a su hijo".
Debemos escribir: "Un padre indulgente para su hijo".

En lugar de: "Las hojas secas que hay en el bosque".
Debemos escribir: "Las hojas secas del bosque".

En lugar de: "Una prueba que confirma mis sospechas".
Debemos escribir: "Una prueba en apoyo de mis sospechas"

Cuando se junten dos verbos, tratemos de suprimir uno de ellos, además del relativo:

En lugar de: "Este es un texto que combina frases cortas y largas".
Debemos escribir: "Este texto combina frases cortas y largas".

Mi solución preferida: sustituir conjunciones por puntos y seguido, o por dos puntos.
De modo que, tras poner en práctica estos consejos, en el texto de Ptolomeo no queda ni rastro de los engorrosos 'que':

Ptolomeo II era el rey de los griegos en el siglo II antes de Cristo. Deseaba engrandecer la biblioteca de Alejandría, e invitó a setenta sabios judíos a escribir la historia de Israel. Los sabios acudieron a aquella seductora llamada. Suponía volcar la historia de los judíos en el idioma más poderoso y del pueblo más civilizado de la época: los griegos.

# El gran truco de las preguntas

Una pareja de inquietos neurocientíficos se dedicó durante meses a estudiar los trucos de los mejores magos del mundo. ¿Cómo lograban engañar a su audiencia? ¿Por qué caíamos una y otra vez en sus trampas?

Descubrieron que los magos concentran el interés del público en un punto para alejar la atención del sitio donde se está efectuando la trampa. Saben que nuestro cerebro no está capacitado para atender dos cosas al mismo tiempo. Eso dicen Susana Martínez-Conde y Stephen L. Macknick en *Los engaños de la mente* (Destino).

Uno de esos trucos es tan sencillo como burdo: los magos piden la ayuda de "un miembro del público"; y para distraer su atención, le formulan preguntas. ¿Estás nervioso? ¿Eres de esta ciudad? ¿Has venido solo? ¿Quieres escoger una carta?

El mago obliga a su víctima a concentrarse en responder las preguntas. Ha secuestrado su atención. Mientras el pobre individuo responde azorado, el mago le introduce una carta en la chaqueta o le sustrae el reloj.

Cuando peroramos con una persona durante largo rato, nuestro monólogo produce desatención y bostezos. Para aumentar el grado de interés, solemos intercalar preguntas: "¿Qué te parece? ¿Qué crees que hizo? ¿No resulta obvio?".

Por la misma razón, atraparemos mejor la atención de nuestra audiencia si insertamos preguntas en un texto. Este truco funciona muy bien cuando se trata de un texto largo, complejo y con poco encanto. Es ideal para animar los discursos.

Las fórmulas son sencillas. El truco consiste en convertir enunciados afirmativos en interrogativos cada dos o tres párrafos. Por ejemplo, muchas veces escribimos 'para llegar a este conclusión'. En lugar de ello, podemos decir: "¿Cómo llegamos a esta conclusión?".

Algunos piensan que abarrotar de preguntas un documento o un artículo le resta seriedad y profundidad. Ante tales remordimientos, se puede escoger una salida más simple: poner en afirmativa una interrogativa.

Ejemplo:
En lugar de escribir, "¿Cómo llegamos a esta conclusión?", podemos redactarlo de estas tres maneras.

1. Muchos se preguntan cómo llegamos a esta conclusión.
2. Se puede plantear cómo llegamos a esta conclusión.
3. La pregunta es qué caminos seguimos para llegar a esta conclusión.

La técnica de la pregunta es recomendable para hacer que las transiciones entre párrafos sean más suaves, más imperceptibles. Por ejemplo:

En muchos países se estimula la salud pública instalando polideportivos en función de la densidad de habitantes. ¿Y cuál es la densidad requerida?
Si un barrio tiene más de 10.000 habitantes, el responsable de área levanta un complejo que incluya por lo menos un campo de fútbol, una cancha de baloncesto y una piscina.

# Por qué suprimir las negaciones

Los neurolingüistas todavía andan discutiendo si la mente humana puede entender las frases negativas. Unos dicen que el inconsciente interpreta a duras penas la negación, que es una autodestrucción de la mente, que no estamos preparados para eso...

Luego vienen los psicólogos de la conducta que nos desaconsejan usar negaciones o frases negativas porque son pesimistas, nos impiden actuar y nos bloquean.

Muchos expertos en Neurolingüística afirman que las frases positivas nos ayudan a alcanzar antes nuestra meta. Piensa en positivo y obtendrás tu recompensa

Las negaciones son inevitables cuando pretendemos crear un efecto especial. "Nada es tan difícil como no engañarse", decía Wittgenstein. Ese enunciado tiene un indudable vigor. Si le diéramos la vuelta, sería más comprensible: "Nada tan fácil como engañarse"; pero perdería su vigor porque el primero acentúa el esfuerzo sobrehumano.

Ernest Hemingway desaconsejaba (yo había escrito 'no aconsejaba', pero lo borré) abusar de las negaciones, o de las composiciones negativas. Prefería las frases positivas, aunque fuesen dramáticas o describiesen algo pérfido.

Los neurolingüistas afirman que una de las técnicas más simples de la sugestión es la negación. Si nos ordenan: "No piense usted en el color azul", nos es preciso pensar en el azul para entender la orden.

Seamos francos: las negaciones son necesarias para escribir. Hay incluso dobles negaciones que son habituales en el hablar, y no presentan problemas de comprensión.

"No hizo nada".
"No vino nadie".
"No tengo ni un céntimo".

Donde surge de verdad el problema es en determinadas construcciones.

"No puedo no ir" es difícil de entender. Pero decir "tengo que ir" es más fácil y encima es lo que significa esa frase.

Otro tanto sucede con las negaciones combinadas con verbos como *omitir, suspender, oponer,* o cualquier otro que deshaga una acción.

"El juez <u>se negó</u> a <u>suspender</u> una frase del acusado en el sumario donde este <u>omitía</u> su participación en el asesinato".

Es mejor usar una sola negación:

"El juez incluyó la frase del acusado donde éste afirmaba no tener relación con el asesinato".

Otro ejemplo:

"Bruselas <u>pone en duda</u> que el rescate a la banca <u>no se lleve</u> por delante el déficit".

Es un enunciado complejo porque 'poner en duda' combinado con 'no se lleve por delante' desorienta a cualquier lector. Pero si lo redactamos de modo afirmativo, la cosa cambia.

"Bruselas cree que el rescate a la banca puede aumentar el déficit".

Las frases afirmativas o positivas son psicológicamente más inteligibles. Poner en contraste una negativa con una afirmativa, le da mucho impulso a una frase:

"Juan se fue al campo a coger amapolas pero no logró traer ninguna".

En realidad es una afirmación, una realidad.

En resumen, ¿qué problemas crean las frases negativas? Que tardamos más en comprenderlas.

**Consejos:**

Hay que transformar las frases negativas en afirmativas cuando el contenido de la frase sea inexacto, irónico o cínico:

"En el fondo, Juan no parece una persona muy agradable del todo".

**Mejor**: "Juan es desagradable"

Deberíamos usar solo negativas cuando queramos negar o contradecir algo con rotundidad. Por ejemplo:

"Los argumentos de Juan para sostener que hay vida en Marte no tienen rigor científico".

Pero habría que evitar las dobles negaciones:

**Mal**: No es cierto que no pueda decir que te quiero.
**Bien**: Puedo decirte que te quiero.

Y huir de las triples negaciones:

**Mal**: No es cierto que no pueda decir que no te quiero.
**Bien**: Puedo decir que no te quiero.

Hay que evitar las frases con combinaciones de verbos que omitan acciones:

**Mal**: Los otomanos decapitaron a 800 habitantes de Otranto por <u>negarse a rechazar</u> su fe cristiana.
**Bien**: Los otomanos decapitaron a 800 habitantes de Otranto por <u>persistir</u> en su fe cristiana.

# Cómo expresar ideas abstractas

Imaginemos un accidente doméstico divertido:

Iba yo con mi café por el salón, y de repente, tropecé con el perro. El café salió volando y cayó sobre el sofá de piel de elefante. Al querer limpiarlo descubrí bajo los almohadones el collar de perlas que regalé a mi mujer años atrás en el aniversario de boda, y que dábamos por perdido. Aquel día, justamente, era nuestro aniversario. Por la noche se lo entregué de nuevo en una caja de terciopelo.

Tiempo y espacio definidos. El texto está lleno de imágenes. Es como una película. Podemos verlo. Nos atrapa porque discurre hacia adelante y casi dibujamos la escena.

En cambio, el siguiente texto abstracto recrea todo lo contrario:

A pesar del creciente énfasis en su importancia, en los debates políticos se deja de lado el análisis teórico y el debate sobre los conceptos básicos de la gobernanza del agua, en favor de la constante reiteración de los principios normativos de la gestión pública. Estas reiteraciones suelen centrarse en los aspectos políticos (gobernanza articulada a través de la democracia multipartidista) y administrativos de la gobernanza, y no en su manifestación sistémica en las relaciones políticas y sociales en general.

En este párrafo solo hay tres grupos verbales. Apenas se intercalan adjetivos que estimulen alguno de los cinco sentidos: gusto, oído, tacto, olor, visión. Está plagado de términos abstractos como *gobernanza, dimensión, sistémico, normativo, conceptos...* ¿Creería alguien que este texto es parte de un documento de trabajo de 20 páginas sobre 'cómo explicar mejor los conceptos complejos'?

Organizar abstracciones es difícil. Reducir la información compleja a términos simples es uno de los habituales desafíos de quienes manejan cuestiones financieras, informes técnicos, análisis de fenómenos políticos, o fórmulas matemáticas... Hacer las cosas fáciles es difícil. Requiere destreza. En muchos casos, nos movemos en una dimensión sin tiempo ni espacio, sin volúmenes ni pesos, donde la mente ignora dónde hay que poner las cosas.

Pero debemos recordar que es más fácil entender lo concreto que lo abstracto. Por ejemplo:

Los emprendedores ingleses del siglo XIX inventaron las máquinas de tejer y las locomotoras, que supusieron una revolución en las horas de trabajo y las costumbres de los trabajadores.

Si lo escribiéramos de forma abstracta, quedaría así:

El factor emprendeduría del siglo XIX instaló las bases fundamentales de los procesos que modificaron estructuralmente el método y el sistema de funcionamiento los recursos humanos.

La claridad es una de las magias más seductoras de la escritura. Hay textos que nos seducen desde el principio hasta el final, aunque se trate de una exposición científica, un relato médico o una biografía.

Pero no todo el mundo tiene las ideas claras. Además, una cosa es tenerlas claras, y otra saber expresarlas. Por ejemplo, ¿qué tiene de malo este párrafo?

Existen diferentes métodos para mejorar la escritura de los textos y hacerlos comprensibles a la mayoría. Mediante ellos se pueden redactar las ideas de forma que sean comunicadas a todos. Se trata de que los escritores tengan herramientas para exponer un asunto en concreto, y que los términos que usan, así como la forma en que los exponen, sean decodificados sin obstáculos por la mente de los lectores.

Ese párrafo repite la misma idea en cada enunciado: "Existen métodos para mejorar la escritura".

Cuanto más abstracto sea un texto, corre más riesgos de repetir la misma idea sin que su autor sea consciente. O de perderse en rodeos. ¿Por qué? Porque una abstracción es algo que no se puede materializar. No se puede convertir en imágenes. ¿Alguien puede dibujar en su mente las palabras 'función', 'sistema', o 'concepto'?

Una fórmula muy eficiente de ordenar las ideas consiste en emplear los trucos de los blogueros. Frases cortas. Rehuir de los textos largos. En internet, se recomienda ese método porque los lectores pasan la vista rápidamente sobre el texto. Solo se detienen a leer lo que está troceado en frases o, como se dice en las presentaciones de diapositivas, en *bullet points*. (Lo explico en el capítulo de blogs).

En los siguientes capítulos voy a exponer varias fórmulas para manejar las explicaciones abstractas.

# Cómo emplear analogías

En verano de 2012, científicos del laboratorio europeo CERN anunciaron haber descubierto el bosón de Higgs. Era un hito en la ciencia, un salto muy importante, un descubrimiento que había demorado décadas, un gran paso para la ciencia... Pero ¿qué diablos era?

Sucedía que el bosón de Higgs, como todo lo relacionado con la mecánica cuántica, es algo difícil de explicar. Los periodistas se han estrujado la cabeza para dar con la analogía adecuada desde que el señor Higgs dedujo la existencia de esta partícula en los años sesenta del siglo XX: unos lo explicaron empleando coches de carreras, otros usaron piscinas con bolas o imanes.

En 1992 el ministro británico de Ciencia, William Waldegrave, ofreció una botella de champán al científico que mejor se explicase el bosón de Higgs. Y entonces el físico David Miller le proporcionó una que será recordada por su originalidad:

> Imagínese una fiesta de los miembros del partido que están uniformemente distribuidos en una sala. Todos hablan con sus vecinos más cercanos. La ex primer ministro entra y cruza la habitación. Los miembros que están más cerca se sienten fuertemente atraídos hacia ella y se agrupan a su alrededor. A medida que ella se mueve, atrae a la gente que está más cerca, mientras que los que ha dejado atrás, regresan a su espacio uniforme. Debido al nudo de gente que se arracima a su alrededor, ella adquiere una masa mayor de lo normal, es decir que tiene más *momentum* aunque vaya a la misma velocidad a través de la habitación. Mientras está en movimiento es difícil de detener, y una vez que se detiene es más

difícil de poner en movimiento otra vez, porque el proceso de agrupamiento tiene que iniciarse de nuevo. En tres dimensiones, y con las complicaciones de la relatividad, este es el mecanismo de Higgs ("A quasi-political explanation of the Higgs' boson for Mr. Waldegrave", David Miller).

El científico empleó un truco sencillo: la analogía. Se trata de echar mano de una comparación (casi siempre con imágenes) para iluminar el significado de las cuestiones complejas. De la analogía a las parábolas, hay toda una gama de recursos que nos permiten explicar con sencillez cuestiones abstractas o dilemas morales.

Por ejemplo, en filosofía:

-**El mito de la caverna** de Platón ha servido para explicar que nuestro conocimiento del mundo a través de los sentidos es imperfecto y que solo con la razón podremos entender el mundo de las ideas.

-**El asno de Buridán** se empleó para exponer el absurdo del libre albedrío: si a un asno se le ponen dos montones de heno a la misma distancia, no sabrá cual elegir y morirá de inanición.

O en la física mecanocuántica:

-**El gato de Schrödinger** da a entender que si encerramos a este animal en una caja junto a un átomo radiactivo, hasta que no abramos la caja, el animal está medio vivo y medio muerto, porque los átomos se comportan de forma aleatoria.

-**El microscopio de Heisenberg** explica que nunca podremos conocer el estado verdadero de un átomo porque para verlo tenemos que iluminarlo, ya que los fotones golpean al átomo y alteran su estado natural.

Una buena analogía debe tener dos condiciones: imágenes familiares para el lector medio y que sean coherentes. Veamos esta analogía de un campo de fútbol para explicar la demencia senil.

Esta es la llamada demencia vascular cerebral, que puede compararse al marchitamiento progresivo del cerebro, algo así como lo que sucede cuando una cancha de fútbol está mal cuidada y no se le riega y va mostrando progresivos "parches de tierra sin pasto". El final de esta situación es que la cancha se convierte en un terral inservible para la práctica del fútbol en todo su esplendor. (Elmer Huerta, "La demencia senil de García Márquez". elcomercio.pe, 8 de julio de 2012)

Las fábulas, los cuentos morales, los relatos y las parábolas son formas poderosas de expresar las verdades de la vida mediante poderosas analogías. Nada menos que tres grandes religiones se originaron gracias al relato de la vida de tres personas: Buda, Mahoma y Cristo.

Y en el ámbito económico, uno de los libros de gestión más vendidos del planeta se basa en una fábula: trata de la vida de dos ratones que todas las mañanas despertaban y se encontraban un queso en la puerta. Pero un día no aparece el queso. Uno de los ratones sale en busca del queso, y el otro se queda de brazos cruzados esperando que el trozo aparezca de nuevo. Es un cuento sencillo sobre cómo afrontamos el cambio. Se titula *¿Quién se ha llevado mi queso?*

En las escuelas de negocio se emplea un método de enseñanza llamado *case study*, o caso de estudio. Se basa en presentar analogías basadas en casos reales. Cuentos.

# Cómo expresar magnitudes

Un grupo de científicos propuso hace tiempo que el universo se expandía cada vez más lentamente. Vieron que las galaxias remotas se alejaban más despacio que las galaxias más cercanas. En realidad, interpretaron mal las cosas: el universo se expandía más despacio antes que ahora, pues la expansión del cosmos está en aceleración, contra todo pronóstico.

Esta frase hay que leerla varias veces para entenderla. La confusión tiene dos orígenes: primero, el autor emplea términos que se contraponen: 'expandirse más despacio', 'expandirse más lentamente'. No sabemos si crece o se contrae. Y en segundo lugar, nosotros concebimos el universo como una masa única y no entendemos que por un sitio se acelere y por otro vaya más lento.

Para afrontar el manejo de magnitudes, hay que usar palabras menos contradictorias e introducir más analogías. Es mejor decir que el universo se está expandiendo a mayor o a menor velocidad, que decir 'más lentamente' o 'más despacio'. Y en segundo lugar, debemos emplear una analogía, por ejemplo, las mareas.:

Un grupo de científicos propuso hace tiempo que el universo se expandía a menor velocidad que antes. Se fijaron en que las galaxias más remotas se estaban alejando con lentitud, y las galaxias más cercanas, corrían deprisa. En realidad, interpretaron mal lo que vieron. El universo se está expandiendo a mayor velocidad que antes. ¿Cómo explicarlo? Si estuviéramos en la orilla del mar, y viéramos que una ola pequeña se forma a lo lejos y llega suavemente a nuestros pies, no haría falta que nos moviéramos. Pero si levantásemos la vista y viéramos que a lo lejos se está formando una ola impetuosa, retrocederíamos porque dentro de un rato esa ola nos va a mojar de lleno. Es decir, el mar se expande como el universo. Lo reciente corre a mayor velocidad.

En el mundo de la economía, el manejo de magnitudes es fuente de confusiones pues se habla de 'crecimiento negativo, cuando quieren decir 'decrecimiento'. Hasta leemos que la economía 'modera con fuerza su crecimiento', lo cual introduce un término de cantidad superlativo (fuerza) y un verbo que denota disminución (modera). Son términos contradictorios, como los siguientes:

> Gómez ha asegurado que la primera medida para reformar la Seguridad Social consistirá en adelantar el retraso de la edad de jubilación. Los españoles se jubilarán con 67 años (antes 65) en 2023 y no en 2027.

Gramaticalmente, es correcta, pero es un contrasentido: 'adelantar' anula a 'retrasar'. El autor quería decir que en el futuro los españoles se jubilarán con 67 años, no con 65. En principio, ese futuro llegaría en 2027. Pero ahora se baraja la posibilidad de adelantar esa fecha cuatro años, es decir, que entre en vigor en 2023.

¿Cómo explicar mejor las cosas cuando se manejan magnitudes, velocidades y tamaños?
En primer lugar, eligiendo los verbos adecuados para cada descripción como *alejarse, expandirse, acelerar, crecer, desacelerar, disminuir...*
Desacelerar no es ir marcha atrás. Decrecer sí es empequeñecer. El universo se agranda o se expande.

75

Luego, hay que escoger los adjetivos y adverbios más precisos: la economía americana crece *con vigor*, o *con debilidad*. O bien decrece *acusadamente* cuando la riqueza producida en un año es *inferior al año anterior*.

Es muy importante evitar la coincidencia de palabras contradictorias como *moderar* y *fuerza*, o *adelantar* y *retrasar*. Es preferible decir 'la economía modera su crecimiento', o que nos jubilaremos más viejos y que, para colmo de males, la ley entrará en vigor antes de lo previsto.

Y en tercer lugar, la mente se orienta mejor cuando se le ofrecen puntos de apoyo. Si leemos que "el hospital realiza 34 trasplantes de riñón en un mes", nos preguntamos: ¿es mucho o poco? Añadamos un punto de referencia: "En España, los mejores hospitales no pasan de 20 trasplantes al mes". La frase cobra luminosidad.

En los juicios de valor (donde no existen volúmenes ni velocidades), es aún más necesario introducir el punto de referencia concreto.

La valentía es una cualidad muy destacable en el hombre (abstracto). *Por eso, los bomberos y los policías son tan apreciados por la población* (concreto).

Hasta Shakespeare hace decir al rey Lear: "Donde el mal es mayor, el menor no se siente". Para aclararlo, el autor británico añade:

Tú huirías de un oso; mas si la huida te lleva a la mar brava, tendrías que afrontarlo cara a cara.

# Los ejemplos en las magnitudes

Existe una forma sencilla de explicar las magnitudes: usando ejemplos, ejemplos y más ejemplos.

Sin analogía:

En Cruz Roja trabajan 97 millones de personas.

Con una **analogía**:

En Cruz Roja trabajan 97 millones de personas. Si fuera una empresa, sería la número 1 del mundo en recursos humanos.

Sin símil:

El circuito de Montmeló tiene un trazado de 4,6 kilómetros. En cada gran premio de Fórmula 1, los vehículos dan 66 vueltas a la pista.

Con un **símil**:

El circuito de Montmeló tiene un trazado de 4,6 kilómetros. En cada gran premio de Fórmula 1, los vehículos dan 66 vueltas a la pista. Es como ir de Barcelona a Valencia en hora y media, en lugar de las tres horas y media habituales.

Sin comparación:

Los átomos son muy pequeños.

Con una **comparación**:

Un átomo es tan pequeño que si lo pusiéramos junto a un cabello humano, sería como poner un grano de arena junto a un rascacielos de 100 plantas.

Cuando se usa un símil o una comparación, hay que mantenerse fiel a él hasta el final. Si hablamos de que un político italiano parece un 'equilibrista de circo', no podemos decir después que se asemeja a 'un personaje de la ópera Tosca'. O usamos el circo o la ópera.

Tampoco deberíamos emplear comparaciones o imágenes que desentonan. Por ejemplo:

Zara fabricó mil millones de prendas el año pasado. Si las usaran como tiendas de campaña, podrían refugiar a todo el ejército de China.

¿Qué tienen que ver las faldas de Zara con las tiendas de campaña de los militares chinos? En este caso, es mejor emplear una comparación coherente con los vestidos de Zara:

Zara fabricó mil millones de prendas el año pasado. Para darse una idea, la empresa podría vestir a toda la población de la India de un solo golpe.

**Ejercicio:**
Busca algunas comparaciones o símiles para aclarar mejor esta oración:

-Los aviones de Iberia recorrieron 100 millones de kilómetros el año pasado.

# Por qué necesitamos metáforas

Definir el tiempo es tan crudo que recurrimos a metáforas espaciales: *largas horas, años cortos, tiempo atrás, el futuro que tenemos por delante.* Incluso decimos *en este espacio de tiempo.*

Pero las horas tardan siempre lo mismo, y el pasado no está detrás de nada.

¿Es la metáfora *largas horas* una especie de comparación, de símil, de ejemplo? En absoluto. Es mucho más que eso: cuando decimos que *el mar estaba ardiente*, o que *nos miró con ojos luciferinos*, o que *la empresa se fue a pique*, o *las manillas del reloj avanzaban lentamente*, estamos creando una nueva realidad. No estamos comparando las empresas con buques, o los mares con el fuego, sino que estamos creando esas 'realidades'.

Es importante entender que las metáforas no son juegos de palabras sino percepciones mentales de un nivel superior. Y se quedan ahí como una expresión de la realidad cotidiana.

Por ejemplo, al no tener otra forma de interpretar los misterios del universo, hemos creado *las supercuerdas, los agujeros negros, las enanas marrones* y hasta *el eco del Big Bang.* Estamos haciendo lo mismo que los antiguos, quienes bautizaron la agrupaciones estelares con nombres de animales: capricornio, tauro, piscis… y a los planetas como deidades: Marte, Júpiter, Venus, Plutón…

Desde Ulises hasta Barbanegra, los mitos nacen de las metáforas. Los cuentos son metáforas con planteamiento, nudo y desenlace. Es una forma de entender el mundo.

A los personajes de la literatura los describimos con metáforas pues a Don Quijote 'del poco dormir y del mucho leer *se le secó el celebro* de manera, que vino a perder el juicio'.

Elegir la imagen adecuada para transmitir una idea, un juicio o un relato puede vivificar una explicación racional. Una metáfora contiene más poder de persuasión que una expresión llena de conceptos reales.

Aquel hombre invirtió todo su dinero en una mansión tan elevada que sobrepasó a la iglesia del pueblo, pero un vendaval la destrozó y quedó arruinado. *Vendió su alma al diablo para desafiar al cielo, pero los dioses creyeron que se había acercado demasiado.*

Se pueden usar las metáforas para crear 'efectos especiales', incluso, emociones extrañas. Es la técnica de Herta Müller, premio Nobel de Literatura en 2009. Así la emplea en su recopilación de cuentos *En tierras bajas*.

El frío corroe las fachadas con sal. (Otro poeta habría escrito: ... como si fuera sal).

Al desayunar, las mujeres mayores beben a sorbos la piel gruesa de la leche. (Otros habrían escrito 'beben la capa de nata que flotaba sobre la leche')

Por la noche, el sueño atraviesa el patio interior y llega hasta mi cama.

Las *greguerías* creadas por Ramón Gómez de la Serna son metáforas humorísticas.

"El sueño es un depósito de objetos extraviados".

# Efectos especiales: la intriga

Un corredor de largas distancias llamado Micah True se echó al monte en un paraje de Nuevo México en marzo de 2012. Al ver que no regresaba, sus amigos salieron en su busca. Se temían lo peor.

Micah fue encontrado sin vida varios días después. Contar la historia de la búsqueda, el rescate, el traslado de su cuerpo por aquellos riscos, así como los detalles de su extraordinaria vida, le supuso a un periodista redactar un reportaje de unas 3.000 palabras.

Para mantener el interés, el periodista arrancó el reportaje en dos direcciones: por un lado, la búsqueda. Por otro, los pasajes más sobresalientes de la vida del corredor. No se desvelaba el triste final de Micah True hasta los últimos párrafos. (Barry Bearak, "Caballo Blanco's last run: the Micah True's story". 20 de mayo de 2012 en *The New York Times*)

Haciendo esto que en el cine se llama 'montaje paralelo', y retrasando el desenlace hasta las últimas líneas, el artículo se convirtió en una pieza maestra de cómo construir una buena historia.

Si el autor hubiera desvelado en los primeros párrafos que Micah True falleció cuando salió a correr por los montes, muchos lectores habrían abandonado la historia. Se habrían perdido una notable biografía.

Mantener el suspense es uno de los efectos especiales más difíciles de lograr. La regla es crear una situación que necesite ser resuelta, pero no resolverla hasta el final. Es la trama de las novelas de Agatha Christie o de Conan Doyle.

Se puede hacer de forma más sencilla lanzando una pregunta al principio: ¿estamos solos en el Cosmos? ¿Se puede patentar el ADN? ¿Hay algún político honesto?

Podemos crear el efecto 'intriga' retrasando la solución hasta el final. Pero también, introduciendo *parones* en medio de las frases. Es uno de los efectos preferidos de los guiones de cine. Todos recordamos esas secuencias en las que el protagonista se entretiene con una tontería justo cuando alguien lo persigue. El público se come las uñas y grita: "No te entretengas ahora. ¡Vamos, corre!". Veamos estos *parones* subrayados:

**Inciso**: Cuando los navíos estuvieron frente a frente, era la hora sexta del día de San Juan, abrieron fuego al mismo tiempo.

**Subordinada**. Los navíos maniobraron para enfrentar sus cañones, que estaban aún calientes tras la primera refriega, y volvieron a actuar.

**Aposición**: Los navíos, Aragón y Newcastle, ambos representando a lo más corajudo de cada país, se situaron frente a frente y comenzaron a disparar sus cañones.

**Paréntesis**: Cuando los navíos estuvieron frente a frente (en aquella época eso quería decir a menos de cien metros), sin esperar la orden de sus comandantes, los cañoneros abrieron fuego.

En este último ejemplo, he dejado el verbo más intensivo (abrir fuego) al final a propósito. Al relegarlo a la última posición, introducimos el 'efecto intriga o enigma'.

He aquí más ejemplos del 'efecto enigma':

El martes 29 de mayo de 1453 alguien se dejó abierto el portón de una de las cinco murallas de Constantinopla. Al ver el terrible descuido, cientos de otomanos penetraron al asalto. Luego fueron miles. "¡Constantinopla ha caído!", gritaban. El último baluarte del imperio romano cayó ante las espadas turcas. A partir de entonces se llamó Estambul.

Buen comienzo para describir un relato histórico. Pero las últimas líneas ya descubren el enigma. Debemos mantener el interés. No revelar el secreto hasta el final. El articulista debió acabar ese párrafo de la siguiente manera.

> La última gran capital del imperio romano estaba a punto de caer. Peligraba la cristiandad. Era la joya más codiciada para los otomanos.

El lector se pregunta: ¿caerá Constantinopla? ¿Por qué era tan importante? Muchos escritores emplean esta técnica al final de un capítulo para obligar al lector a pasar al próximo. Joël Dicker empieza su libro *La verdad sobre el caso Harry Quebert* con una llamada telefónica a la policía; y termina el capítulo así:

> Esta llamada fue el comienzo del caso que estremeció a la ciudad de Aurora, en New Hampshire. Ese día Nola Kellergan, de quince años, una joven de la zona, desapareció. Nunca se volvió a saber de ella.

Aquí, el enigma consiste en provocar la siguiente pregunta en el lector: ¿la mataría alguien?

**Ejercicio:**
Crea el 'efecto intriga' usando la escena de un hospital donde suceden cosas extrañas por la noche.

# Efectos especiales: los olores

El alemán Patrick Süskind obtuvo un enorme éxito en los años noventa cuando escribió una novela titulada *El perfume*. Hasta se convirtió en un largometraje.

Los que han leído esta novela confiesan que en algún momento llegaron a oler los aromas que describía el autor. ¿Sentir los olores descritos con palabras?

Süskind lo logró de una forma tan sencilla como eficaz: en cada página, la palabra *olor* y el verbo *oler* en cualquier de sus tiempos aparecían decenas de veces. O sinónimos como *olfatear, inhalar, expirar*. El autor lo conjugaba con el órgano correspondiente –la nariz-, con el medio –el aire-, y con decenas de evocadoras plantas o materias exóticas –bergamota, incienso–.

Entonces abrió el frasco mediante un pequeño giro del tapón, manteniendo la cabeza echada hacia atrás y las ventanas de la nariz apretadas, porque no deseaba en modo alguno oler directamente del frasco y formarse así una primera impresión olfatoria precipitada. El perfume debía olerse en estado distendido y aireado, nunca concentrado. Salpicó el pañuelo con algunas gotas, lo agitó en el aire, a fin de evaporar el alcohol, y se lo puso bajo la nariz.

Con tres inspiraciones cortas y bruscas, inhaló la fragancia como un polvo, expiró el aire en seguida, se abanicó, volvió a inspirar tres veces y, tras una profunda aspiración, exhaló por último el aire con lentitud y deteniéndose varias veces, como dejándolo resbalar por una escalera larga y lisa. Tiró el pañuelo sobre la mesa y se apoyó en el respaldo de la silla.

A continuación, Süskind emplea otra técnica, que consiste en atribuir al perfume cualidades que no pertenecen al ámbito de los olores, es decir, no apelan al olfato, sino que excitan otros sentidos como el oído, el tacto o la vista. Incluso apela a cualidades morales.

El perfume era asquerosamente bueno. Aquel miserable de Pèlissier era por desgracia un experto, un maestro, ¡maldita sea!, aunque no hubiera aprendido nada. Baldini deseó que el 'Amor y Psique' fuera suyo. No tenía nada de vulgar, era absolutamente clásico, redondo y armonioso y, pese a ello, de una novedad fascinadora. Era fresco, pero no atrevido, floral, sin ser empalagoso. Tenía profundidad, una profundidad marrón oscura, magnífica, seductora, penetrante, cálida, y a pesar de ello no era excesivo ni denso. Baldini se levantó casi con respeto y volvió a llevarse el pañuelo a la nariz. "Maravilloso, maravilloso... -murmuró, oliendo con avidez-, tiene un carácter alegre, es amable, es como una melodía, hasta inspira un buen humor inmediato.

Cuando confundimos los sentidos del lector, haciéndole que 'huela sonidos', o que 'vea sabores', estamos echando mano de la sinestesia. Sirve para resaltar cualidades como cuando hablamos de un vino 'aterciopelado', 'cálido', 'flaco' o 'sedoso', nada de lo cual se percibe con la sensación del gusto, sino con el tacto o la vista. 'Eso' es un efecto especial.

**Ejercicio:**
Recrea el olor de un puerto pesquero.

# Efectos especiales: los sonidos

Una vez preguntaron a Nabokov por qué ponía tanta atención a los nombres de sus personajes como Lolita o Humbert Humbert.

Respondió que en el caso de Lolita necesitaba un diminutivo que tuviese 'una cadencia lírica'. "Una de las letras más límpidas y hermosas es la "L". El sufijo 'ita' tiene mucha ternura latina, y también requería eso", decía el autor ruso.

El escritor explicó que en el caso del nombre redundante Humbert Humbert lo hizo porque era un "doble ruido sordo, muy desagradable y sugestivo. Es un nombre odioso para una persona odiosa. También es un nombre regio y necesitaba una vibración majestuosa para Humbert el Cruel y Humbert el Sumiso". En resumen: el execrable Hum contra el bello Lo.

Nabokov no estaba exagerando. En su más remoto origen, las palabras fueron imitaciones de sonidos. Los humanos se transmitían unos a otros la posición de los accidentes naturales como ríos, cascadas o torrentes mediante sonidos. En el idioma inglés ha perdurado ese uso y por eso es uno de los más onomatopéyicos: *splash* es el sonido de lanzarse al agua y también es un verbo que significa eso mismo en inglés.

Los poetas así como los escritores en prosa se toman mucho tiempo para escoger no solo los nombres de sus protagonistas, sino las palabras que van a emplear en determinadas escenas: quieren que el sonido acompañe a la descripción aunque el lector lo perciba de forma inconsciente.

García Márquez en *El amor y otros demonios*, cuenta el final de una niña mordida por un perro rabioso.

El segundo día se sintió un bramido inmenso de ganados embravecidos, la tierra tembló, y ya no fue posible pensar que Sierva María no estuviera a merced de todos los demonios del averno.

La acumulación de sílabas con la letra 'eme' origina un efecto tan sonoro que llega a retumbar en la mente del lector para acentuar la sensación de bramido. Muchos autores trabajan a propósito este efecto, pero también lo consiguen de forma involuntaria.

Los sonidos de las palabras proceden de la posición de la lengua y del paso del aire desde los pulmones a través de la boca y la nariz. Los sonidos más fuertes se generan con los labios juntos (por ejemplo, bomba). O bien, con la punta de la lengua en los alveolos o en la parte posterior de los dientes (por ejemplo, retumbando), mientras que los más suaves como la ele o la ese se obtienen con la lengua en la parte posterior o con la vibración que producen las vocales, especialmente las débiles.

No es necesario emboscarse en el estudio de las fricativas, alveolares y labidentales para escribir un artículo sobre el rompimiento de la barrera del sonido de un avión a 10.000 metros de altitud diciendo: "Y el supersónico tronó sobre el cielo con tal estruendo que reventó los cristales de todo el firmamento".

Pero conviene recordar que la magia de algunos pasajes de la literatura tiene detrás una tramoya que ha sido levantada tras muchas horas de esfuerzo.

En otro pasaje de la misma novela, García Márquez describe el sonido de un cencerro:

...la madre le colgaba un cencerro en el puño para no perder su rumbo en la penumbra de la casa.

Para reproducir el sonido del viento, el autor colombiano recurre a las 'eses':

Diciembre había empezado mal, pero pronto recuperó sus <u>tardes</u> de <u>amatista</u> y sus <u>noches</u> de <u>brisas locas.</u>

Hemingway, usando las 'eses', reproduce el sonido de un toro muerto arrastrado sobre la arena hasta los toriles. Este es un pasaje de *Fiesta: the sun also rises*:

...and the bull, one horn up, his head on its side, swept a swath smoothly across the sand and out the red gate.

Que al traducirse, pierde su efecto sonoro:

...y el toro, con un cuerno hacia arriba y la cabeza de lado, trazó suavemente una franja a lo largo de la arena y salió por la puerta roja.

**Ejercicio:**
Recrea el sonido del ambiente un campo de fútbol repleto de gente.

# Efectos especiales: mostrar sin decir

Dicen que alguien retó a Hemingway a escribir un cuento en seis palabras, y el novelista puso: "Vendo zapatitos de bebé. A estrenar".

Esas seis palabras contenían un relato trágico. Es la amargura de una mujer que ha perdido un hijo. Pero nada de eso figura en esas dos oraciones. La imaginación llena los agujeros.

¿De dónde nace esa necesidad de llenar agujeros? Los neurocientíficos afirman que se debe a que los seres humanos necesitamos dar sentido a todo. No podemos vivir en la incertidumbre. Necesitamos ordenar el caos; crear relatos que expliquen lo inexplicable. (Parece que de ahí nacen los rumores).

La técnica cinematográfica que explora esta actitud humana consiste en mostrar, no en decir (*show, don't tell*). En lugar de poner en boca del personaje la frase de "¡qué triste estoy!", los cineastas muestran un primer plano donde el protagonista inclina lentamente la cabeza hacia abajo. Está solo en un hotel de carretera. Sentado en una cama. Suena una canción lánguida. El espectador deduce el resto. La escena cobra sentido.

En las Escuelas de Escritura Creativa ponen a prueba a los estudiantes pidiéndoles que describan la alegría de una mujer enamorada sin decir que está enamorada; relatar la amargura de un hombre que ha perdido su trabajo, sin decir empleo; redactar un párrafo sobre un accidente aéreo sin usar las palabras accidente, avión o aeropuerto.

He aquí un ejemplo:

Roberto miró el reloj. Aún estaba en la sala de espera. Era una salita llena de carteles de playas hermosas y puestas de sol sobrenaturales. Podías disfrutar ocho días y siete noches por muy pocos euros. Roberto sonrió y en ese momento algo hizo vibrar los cristales. Una mujer pasó con mucha prisa. Después se escucharon más pasos que retumbaron sobre la moqueta. Se oyeron unos gritos. Un hombre se acercó a dos compañeras, les dijo algo y ellas se llevaron las manos a la boca. Roberto, intrigado, abandonó la salita. Algunos empleados preguntaban en voz alta por teléfono: "¿A qué hora ha sido? ¿Se ha elevado o se ha comido la pista?". Nadie parpadeaba. "¡Qué horror!", decían. Algo se había partido en pedazos tras estallar y en esos momentos estaba ardiendo. En la oficina todos movían la cabeza como si no se creyeran lo que estaban escuchando.

Mostrar sin decir es uno de los logros más arduos de la escritura. En un capítulo anterior, he puesto el ejemplo de cómo Tolstoi, sin apenas introducir adjetivos, ni decir 'te amo con locura', describía una sugestiva escena de amor entre Ana Karenina y un militar ruso.

**Ejercicio:**
Describe la escena de un hombre que ha perdido el empleo y debe decírselo a su esposa. No se pueden emplear las palabras *empleo, trabajo, empresa, paro, despido.*

# Afronta la hoja en blanco

Enfrentarse a la primera página en blanco ya sea un informe, un dictamen, un artículo o un discurso, da un poco de pavor. No sabemos qué hacer para inspirarnos.

Hay varios métodos de calentamiento: uno de ellos es la tormenta de palabras. Se toma un folio y se empiezan a escribir las palabras que nos llegan a la mente, pero tienen que ser palabras relacionadas con lo que vamos a escribir.

En un informe sobre el cambio climático, debemos escribir: contaminación, polución, nubes, desechos, basura, plástico, pureza, aire, temperatura, ozono, tormentas, nivel de agua, casquetes polares, fundición...

Tras escribir la lista, hemos cargado nuestra mente con imágenes que nos pueden ayudar a empezar a escribir. Esta era la técnica usada por Ray Bradbury, escritor de novelas de ciencia ficción. Y aseguro que es más difícil escribir una novela sobre alienígenas, que un informe sobre cambio del clima.

Otro método es el llamado de las *cinco W* que conocemos muy bien los periodistas, pero que apenas se usa fuera de nuestro trabajo: quién, qué, por qué, cuándo, dónde y cómo (en realidad son seis: *who, what, why, where, when* y *how*).

Podríamos usar también el método de "barra del bar". Estamos en la barra de un bar rumiando un problema y de repente llega un amigo. Nos pregunta qué nos pasa y contestamos que debemos escribir un informe al jefe sobre cómo organizar nuestro departamento de Recursos Humanos, pero no sabemos redactar las primeras líneas. Nos vuelve a preguntar de qué va el informe, y nosotros empezamos a contárselo. "Pues mira, resulta que tenemos un problema que es el siguiente: hay mucha gente con los brazos cruzados en Administración y muchas con demasiado trabajo en Atención al Cliente. Estamos desequilibrados, ¿entiendes?".

El simple hecho de contar una historia a un amigo nos obliga a ordenarla mentalmente, a darle sentido. Y a comenzar por algún sitio.

Ya tenemos el inicio. Consiste en exponer el problema. Luego, se van enumerando las soluciones.

Para perfeccionar esta técnica, solo hace falta una grabadora. Declamar en voz alta como si tuviéramos una secretaria, ayuda a superar el drama de la hoja en blanco; a ordenar mentalmente la historia, que es lo que hacemos cuando nos ponemos a contar algo a los demás. Usamos mejor las preposiciones y los verbos preposicionales (informar sobre, pensar en, dirigirse a).

Por último, cuando exponemos un problema por escrito, estos trucos facilitan la organización. Usemos el ejemplo del principio sobre la contaminación en México:

-El párrafo inicial de gancho. Lo ideal, como dije en el primer capítulo, es contarlo mediante imágenes.

-Plantear el problema: México tiene un grave problema de contaminación que afecta a los ciudadanos cada vez más.

-La historia: cómo se ha llegado hasta aquí, cuándo empezó y cómo ha evolucionado.

-Por qué no han funcionado las soluciones.

-Qué se debería hacer.

-Qué sucede si no se hace.

Esta *plantilla* ayuda a encontrar el orden narrativo: es una brújula para los extraviados.

# Escribir un blog y para internet

Las buenas historias se leen en cualquier formato: papiro, estuco, papel, PC, tableta o móvil. Sin embargo, hay trucos que facilitan la lectura en internet.

-En internet, el ojo humano lee en forma de 'F', es decir, en ráfagas o escaneando. Redacta tus ideas en forma de *bullet-points*, como este texto.

-Destaca lo importante en **negritas**, porque es donde se detiene la vista.

-Sé conciso: el precio en internet se mide en segundos. ¡Hay tanto que leer!

-Introduce muchos enlaces a las fuentes, por ejemplo, a una buena página de consejos.

-Párrafos cortos y separados con doble espacio.

-Introduce imágenes: alegran y descansan la vista.

-Titula pensando cómo buscarían ese post millones de personas en Google. Por ejemplo: "Cómo escribir para internet".

-Los artículos prácticos, las opiniones emocionales, el periodismo explicativo... Eso tiene mucho éxito.

-Dedica cinco minutos a definir mentalmente qué quieres contar.

-Sé actual: escribe sobre lo que está ahora debatiendo la gente en sus casas.

-Escribe un post al día... por lo menos.

Como prueba de que esto funciona, minutos después de subir este post en el blog de periodismo 233grados, apareció en la primera página de Google.

# El correo electrónico ideal

Ni artículos, ni ensayos, ni documentos. La mayor parte del tiempo que pasamos frente a un teclado estamos redactando una marea de correos electrónicos. Pero un 'mensaje enviado' no quiere decir 'mensaje leído'.

Así se debe escribir el correo electrónico ideal:

No más de cinco oraciones.

Cada oración no debe sobrepasar las dos líneas.

Cada oración debe estar separada por un espacio.

Cada oración debe contener una idea diferente.

Antes de enviar, hay que revisar y corregir.

En 'asunto' hay que resumir la idea como si fuera un mensaje de sms.

No hay que olvidar la cortesía para saludar, solicitar cosas y para despedirse. *Hola, buenos días, por favor, gracias, hasta luego...*

Evita los imperativos: 'envíame eso ya'.

Usa preguntas o frases en condicional: "¿Puedes enviármelo ahora?";"Me gustaría que me enviaras eso".

Si hay confianza con la otra persona, se pueden usar símbolos textuales **;)**, emoticonos o emojis.

# Errores y consejos

Después de dos puntos, la primera letra se debe escribir en mayúscula sólo si hay comillas. García Roncero: "No podemos seguir así..."

Cuidado con confundir 'en torno' que significa 'alrededor de', con 'entorno', que significa 'medio ambiente' o 'círculo de personas'.

Es incorrecta la frase "dio un giro de 360 grados" pues es como volver al punto de partida. Lo correcto es decir: "Dio un giro de 180 grados".

Rallar un cristal: se confunde con 'rayar'. El primero es una ralladura, un surco. El segundo, con 'y', es trazar una línea.

Ambos: se refiere a dos sujetos o cosas. No se debe decir 'ambos dos'. Eso es una redundancia.

No se dice "bajo mi punto de vista", sino "desde mi punto de vista". El truco para acertar consiste en pensar que vemos siempre "desde una montaña", no "bajo una montaña". En tal caso, moriríamos aplastados por el punto de vista.

"Huida' va sin tilde. Así como el infinitivo 'huir' y todos los tiempos verbales y sus acepciones con el diptongo 'ui' como rehuida.

También van sin tilde: fluido, construido, constituido... Acuífero lleva tilde porque es esdrújula. En cambio cuando se unen tres vocales como en "huía" se pone tilde en aquella que lleva la mayor tensión.

"Prohíbe" es con tilde. Mucha gente no la acentúa porque hay palabras como 'inhibe" que no llevan tilde. La diferencia es que en "prohíbe", hay dos vocales separadas por una 'hache'. En cambio en "inhibe" hay una vocal y una consonante separadas por la 'hache'.

Es incorrecto decir "contestastes", "pedistes", "hallastes". La segunda persona del singular del pretérito indefinido es sin 'ese'. Contestaste, pediste y hallaste es lo correcto. El error procede de que suena parecido al plural: "contestasteis", "pedisteis", "hallasteis".

La palabra 'heroico' no lleva tilde. La palabra que lleva esa tilde es 'héroe'. O bien, 'heroína', ya se refiera a la mujer de cualidades sobresalientes o a la conocida droga.

En las interrogaciones es incorrecto poner un punto tras el cierre. "¿Tiene razón Juan?. Por supuesto". Se debe escribir: "¿Tiene razón Juan? Por supuesto".

Los billones ingleses equivalen a nuestros miles de millones. Cuando traduzcamos textos anglosajones, *one billion* no es un billón, como suele decirse equivocadamente. Son mil millones, o en cifras, 1.000 millones. Los estadounidenses lo escriben así: 1 *billion*.

Los nombres de novelas, películas y obras de teatro van en cursiva: Calderón de la Barca escribió *La vida es sueño*. John Ford dirigió *Los Centauros del Desierto*. Una de las obras de Tolstoi es *Ana Karenina*.

Optar: es muy técnico. Es más agradable escribir palabras como 'escoger' o 'elegir'.

Opción es poco preciso: se entiende mejor 'salida, alternativa, posibilidad'...

96

Hay que explicar qué significan los acrónimos: "El PJD (Partido Justicia y Desarrollo) gana las elecciones en Marruecos". En ciertos casos, los acrónimos de Producto Interior Bruto, Fondo Internacional, Paridad de Poder Adquisitivo (PIB, FMI y PPA), pueden ser referidos como el Fondo, la paridad, la producción...

Los acrónimos en inglés EBITDA, ROA deben explicarse en español entre paréntesis. El primer caso son "beneficios brutos", y, en el segundo, "la rentabilidad sobre activos".

Los verbos que vengan en parejas es mejor reducirlos a uno. En lugar de "pretenden explicar", es mejor escribir "explican". En lugar de 'volver a generar' es preferible 'generar'.

Las composiciones en pluscuamperfecto de indicativo como 'habían incurrido', 'habían reconocido', se pueden reducir al perfecto de 'incurrieron', 'reconocieron'.

Es preferible no abusar de los subjuntivos como 'permitiera ponerse', o del condicional 'podría ponerse' porque denotan poca definición o falta de claridad.

No se debe confundir el infinitivo con el imperativo. En España se acostumbra a ordenar "salir de una vez", en lugar de lo correcto que es: "Salid de una vez". Se trata de una orden y debe ir en imperativo. También se debe decir "Idos de aquí", y no el incorrecto "iros de aquí".

Se tiende a decir "Galíndez fue disparado", en el sentido de que alguien le pegó un tiro a Galíndez. Pero es incorrecto porque se dispara el contenido de un arma contra alguien o algo. De modo que es "dispararon una bala contra Galíndez" o "le dispararon una flecha". Los únicos seres vivos que 'son disparados" (en pasiva) son los hombres-bala de los circos.

Las composiciones del verbo 'hacer' con un sustantivo pueden convertirse en una sola palabra: en lugar de 'hacer un resumen', 'resumir'.

"Como consecuencia de" se puede resumir en "por".

Hay frases que emplean el condicional sin que de ello se infiera nada. "Si el nadador español era bueno en el estilo de braza, su competidor francés era bueno en el estilo mariposa". ¿Se deduce que el francés es bueno en mariposa porque el otro lo es en braza? No. Es mejor decir. "El nadador español era bueno el estilo braza y el francés en mariposa". Si se quiere oponer uno a otro, basta intercalar un 'pero'. Por ejemplo: "... pero el francés es bueno en mariposa".

El gerundio es simultáneo a la acción. Está bien dicho: "Por la puerta se apretujaban soldados cristianos, tratando de escapar". Hacen las dos cosas la vez. Pero no se puede decir, "por la puerta se lanzaron los soldados cristianos, muriendo en la lucha cuerpo a cuerpo". Esto es un 'gerundio de posterioridad". Incorrecto porque la muerte es una acción posterior. Se supone que primero se lanzaron, y luego, murieron. No pueden hacer las dos cosas a la vez.

Las oraciones que empiezan con gerundio gozan de un tintineo agradable. "Tratando de encontrar a sus hijos, la mujer recorrió todas las esquinas del planeta".

La conjunción *sino* nos pone frente a una alternativa. "El más hábil no es Juan sino Pedro". En cambio, las partículas 'si no', nos sitúan ante una condición. "Si no lo quiere hacer Juan, lo hará Pedro". Para evitar confusiones, muchos se fijan en dónde está el acento. Sino es átono, mientras que 'si no' tiene la fuerza en 'no'.

Se recomienda (no se obliga) escribir las cifras sin punto. El viejo 1.832.657 ahora es 1 832 657. Esa separación debe aplicarse a los números de más de cuatro cifras. Por ejemplo, 12 528 (doce mil quinientos veintiocho). O bien 306 411 (trescientos seis mil cuatrocientos once). ¿Y qué pasa con los de cuatro cifras como 1.233? El viejo punto desaparece: se escribiría 1233 (todo junto porque tiene cuatro cifras). ¿Por qué se ha introducido este cambio? Para unificar la forma de escribir numerales en español y en otros idiomas. Para los anglosajones, por ejemplo, el punto era nuestra coma, y viceversa. Con la nueva unificación ortográfica se pretende evitar confusiones en los documentos internacionales. Los decimales se escriben con punto. Así: 14 567.39

La separación numeral no se emplea con los años: el año 4200 antes de Cristo está bien escrito. Los años nunca llevan punto.

"Deshecharon" está mal escrito porque no existe el verbo deshechar, sino deshacer. Se dice; deshicieron, que significa que lo descompusieron, lo desunieron, o lo desgastaron. Desecharon viene del verbo desechar: renunciar a algo, desprenderse de algo, menospreciar...

¿Cuándo poner comas o puntos y comas? Cuando la oración tenga más de 15 palabras por término medio.

Las notas a pie de página de libros se redactan así: nombre del autor; obra en negrita o en cursiva. Luego entre paréntesis (o no) el nombre de la editorial, el lugar de impresión y la fecha. En último lugar, la página. Por ejemplo: Manuel Galíndez, *La verdad de las mentiras*, Editorial Espeso, Bilbao, 2003. Pág. 44.

Cuando se vuelva a citar la obra, basta escribir el nombre del autor, el título y la página. Por ejemplo: Galíndez, op. cit. p. 56.

Los artículos periodísticos citados deben ir así: nombre, artículo entre comillas, diario (en cursiva) y fecha completa. Por ejemplo: Manuel Galíndez, "El hecho consumado", *Diario de Noticias*, 12 de octubre de 2012.

Los artículos en medios electrónicos se citan de la misma forma, pero añadiendo la dirección electrónica y poniendo cuándo se hizo esa consulta. Con ello, prevemos la posibilidad de que haya habido algún cambio en el contenido. Por ejemplo: Manuel Galíndez, "El hecho consumado", *Diario de Noticias*, 12 de octubre de 2012. http://www.diariodenoticias.es/2012/     10/12/el-hecho-consumado.html (Consultado el 1 de diciembre de 2012).

Los extranjerismos se escriben en cursiva: *paddle, femme fatale, zeitgeist, sine die…*

Ya no lleva tilde el adverbio *solo* (que se podía sustituir por '*solamente*' para distinguirlo del adjetivo *solo* relacionado con la soledad).

Cuidado con los enunciados donde pueden existir dos sujetos: "Sánchez avisa a Gómez de la existencia de un plan para atentar contra él". No se sabe si habla de Sánchez o de Gómez Eso pasa porque antes del complemento circunstancial hay dos sujetos: Galíndez y Gómez. Hay que recomponer la frase. "Sánchez denuncia un plan para atentar contra Gómez". O bien: "Sánchez cree que hay un plan para atentar contra Gómez y le avisa".

En todos los casos se elimina la tilde de *este, ese, aquel,* sus femeninos y plurales.

No se dice detrás mío, encima vuestro, cerca suya. Se dice detrás de mí, encima de vosotros y cerca de ella. Sólo se admite al lado suyo (o mío o vuestro, etc) La diferencia es que detrás, delante, encima… son adverbios y lado es un sustantivo.

Las palabras que llevan tilde también la llevarán cuando se escriban en MAYÚSCULAS.

Para enriquecer tu vocabulario lee cada día una página del diccionario de la RAE. Y para manejar y relacionar conceptos, y mejorar tu precisión, deberías leer cada día una página del *Diccionario de uso del español* de María Moliner.

Los textos son como la piedra esculpida: hay que eliminar grandes trozos para que surja la estatua perfecta.

# Bibliografía

-Samuel Gili Gaya, *Curso superior de sintaxis*. Bibliograf. Barcelona, 1980.

-Orfelio G. León, Cómo redactar textos científicos en psicología y educación. NetBiblo, 2005.

-Gonzalo Martin Vivaldi, *Curso de redacción*. Paraninfo. Madrid, 2000.

-Real Academia de la Lengua. *Ortografía de la Lengua Española*. Espasa. Madrid, 2010.

-Ramón Sarmiento, *Manual de Corrección Gramatical y de Estilo*. Sociedad General Española de Librería. Madrid, 1997.

## Otros libros de Carlos Salas:

- *Storytelling: la escritura mágica*. Madrid. Mirada Mágica. 2017.
- *Manual para escribir como un periodista*. Madrid. Mirada Mágica, 2015.
- *La Edad de la Codicia*. Madrid. Altera, 2009; y Mirada Mágica, 2015.
- *Las once verdades de la comunicación*. Madrid Lid. 2010.
- *La tumba perdida de Cervantes*. Madrid. Mirada Mágica, 2016.
- *Cómo hablar y presentar en público*. Madrid. Mirada Mágica, 2016.

## Comenta

Si te ha gustado este libro de consejos, puedes escribirme a mi correo electrónico:
carsalas21@gmail.com

(Última corrección, 30 de septiembre de 2018).

104

Made in the USA
San Bernardino, CA
13 August 2020